COCINA Y CULTURA

Colección Lumía

Cocina y cultura
Colección Lumía
Serie Ensayo

Textofilia Ediciones

Morena 1205, Int. 4,
Col. Narvarte, Del. Benito Juárez,
C.P. 03020, México, D.F.
Tel. 55 75 89 64

editorial@textofilia.com
www.textofilia.com

Primera edición.

ISBN: 978-607-7818-78-6

CONACULTA

Este libro se realizó con apoyo del estímulo a la producción de libros derivado del artículo transitorio cuadragésimo segundo del presupuesto de egresos de la federación 2012.

Agradecemos a Alejandro Magallanes por la imagen para la portada de este libro. Para saber más del artista y su obra visitar: http://loquehacealejandromagallanes.blogspot.mx

[COCINA Y CULTURA]

MARÍA STOOPEN

[LA TRADICIÓN CULINARIA EN MÉXICO]

Cuando nacemos, nos regalas notas,
después un paraíso de compotas,
y luego te regalas toda entera,
suave Patria, alacena y pajarera.

Ramón López Velarde, *Suave Patria.*

El encuentro de dos tradiciones

La cocina por su propia naturaleza es mestiza, ya sea en la síntesis lograda en un plato, pues –salvo la fruta– raro es el alimento que se come absolutamente solo, sin algún aliño, aderezo o guarnición, a no ser que apremie la necesidad. Y mestiza por el largo proceso de experimentación e intercambio a que ha sido sometida desde que el ser humano la fundó al utilizar el fuego y desarrollar técnicas cada vez más complejas para transformar sus alimentos. Seguramente, lo que se inició por un azar –el contacto del alimento con el fuego–, instauró una etapa de creación, selección y combinación que continúa hasta hoy en día. Mestiza es también como resultado del trato, amistoso o bélico, de unos pueblos con otros, que se han prestado –y en ocasiones, saqueado– insumos, sabores y procedimientos que poco a poco, debido al uso, pasan a formar parte de las cocinas nacionales.

La cocina mexicana no es la excepción; por el contrario, su riqueza es consecuencia del encuentro de dos pueblos que, entre sus oposiciones, contaban con gustos y costumbres culinarios muy distintos, así como diversos productos naturales absolutamente desconocidos para unos y otros en sus respectivas tierras de origen. ¡No en balde mediaba entre ellos todo un océano; ni tampoco en balde, América trastornó la imagen previa que Europa se había formado de sí misma! No fue en Cipango o en Catay donde desembarcó el almirante Cristóbal Colón; en realidad llegó a un Mundo Nuevo –con toda la plenitud del calificativo–. Este equívoco se prolongó y dilató en ser corregido con el nombre de América, signo por el cual fue aceptado, en definitiva, este mundo diferente de aquél al que España había esperado llegar.

Uno de los fundamentales equívocos fue el culinario. Cortada la ruta a Oriente, por causa de la caída de Constantinopla en manos de los turcos en 1453, el suministro de especias a Europa fue suspendido. Ésta era una de las riquezas que, junto con el oro, España pensaba incorporar a su Corona patrocinando los viajes de Cristóbal Colón.

Del entusiasmo que el Viejo Mundo profesaba por las especias desde la antigüedad y después en el Medievo, Alfonso Reyes hace una reconstrucción –que nos deja atónitos–: "Pues toda esa fauna mitológica (pavo real, grulla, corneja, cigüeña, cisne, buitre) se comía con santa naturalidad, y todo ello se empapaba en unas salsas picantes de jengibres, canela, clavo, pimienta, azafrán, laurel, moscada, comino, almendra, ajo, espliego, almáciga, cebolla...".[1] Así que podemos calcular si no valía la pena –empujados, además, por el espíritu aventurero y creador que se apropió de los hombres del Renacimiento– intentar una nueva ruta para seguir dando gusto a esos paladares templados por aquellos sabores fuertes. Pero el equívoco y la decepción, aunque temporales, fueron mayúsculos: en vez de especias, los europeos encontraron otros productos, de los cuales el chile –ají en las Antillas, donde Colón lo conoció–, fue tomado por el viajero como pimienta, debido a su sabor picante, de la que derivó el nombre de pimiento, como es conocida y usada en España la variante más dulce del chile.[2]

Antes de que las cocinas de uno y otro lado del Atlántico se conjuntaran para dar nacimiento a nuestra cocina mestiza –la mexicana–, cada una de ellas había tomado sazón de los frutos de la propia

[1] Alfonso Reyes, *Memorias de cocina y bodega*, pp. 60-61.

[2] Cfr. Salvador Novo, *Cocina mexicana o Historia gastronómica de la ciudad de México*, pp. 51 ss.

tierra que incorporaron a los dones y tributos de otros pueblos, con maneras características e imitadas, con sabores peculiares y adquiridos. Eran ya, por su cuenta, cocinas mestizas. Cuando la española encendió los fogones en suelo americano, ésta ya era una mezcla de los modos de cocinar mediterráneos, celtas, árabes; tradiciones que arrancan de pueblos más antiguos. En su momento, los conquistadores españoles trajeron elementos totalmente asimilados a su cocina –como el ajo y el aceite–, pues en terreno americano no se producían. De la misma manera, los soldados romanos, bajo el mando de Escipión varios siglos antes, los llevaron en su bastimento, ya que para los pueblos aborígenes de la península Ibérica eran entonces desconocidos. El uso del ajo, por su parte, se remonta al antiguo Egipto y el del aceite de oliva, a los tiempos bíblicos de Abraham y al de los primeros habitantes de Grecia. Así, uno y otro pueblo invasor –uno en América, en el siglo XVI y otro en España en el siglo III a.C.– probaba y adoptaba los novedosos frutos de la tierra conquistada. Dos son los momentos históricos, una misma la acción del mestizaje.

Los españoles que llegan a América traen consigo casi ocho siglos de convivencia con los árabes. Aunque para cuando conquistan México, han conseguido expulsar y/o someter a los musulmanes en Hispania, tienen incorporados a su gusto sabores de origen oriental aportados a la península Ibérica por los moros: el sabor agridulce de limones, cidras, toronjas y naranjas, así como el de especias y condimentos tales como el azafrán, la nuez moscada, la pimienta negra y el azúcar. Con la aclimatación de los cítricos y la caña de azúcar, España se convierte en el primer vivero de estos productos en Occidente. Con ellos enriquece la gama de posibilidades culinarias, primero en Europa y después en América, pues tampoco en estas tierras crecían.

El año de 1492 marca un momento clave para la gastronomía universal, pues España, con el descubrimiento de América y el destierro de los árabes del territorio peninsular, rompe su aislamiento del resto de Europa e inicia la expansión de los productos del nuevo continente por todo el mundo, sin los cuales la cocina europea actual no se concibe. De esta manera, el encuentro entre americanos y europeos tiene, entre otras consecuencias, el más rico intercambio de alimentos que registra la historia de la humanidad; así como el enfrentamiento de dos cereales básicos: el local del maíz y el introducido del trigo. Éste se cultivó en el valle del Éufrates y se extendió después entre los pueblos mediterráneos. En forma de pan ha sido compañero de esa parte de la humanidad desde hace cuando menos diez mil años, razón por la cual Homero lo llama "tuétano del hombre". De su digno antagonista y semejante, el maíz, cuya siembra se origina en los tiempos míticos -históricamente hace unos diez mil años-, nos trasmite su importancia trascendental el *Popol-Vuh*: "Los dioses formaron sus carnes, del producto de las mazorcas amarillas y blancas, como alimento de los brazos y de las piernas de la gente". Son, entonces, estos hombres amasados por sustancias rivales, los que inician el mestizaje de nuestra cultura.

A la llegada de los españoles las prácticas culinarias de los pueblos indígenas eran muy variadas: desde los usos primitivos de los chichimecas, nómadas de las áridas zonas norteñas, recolectores, cazadores y pescadores, quienes usaban del fuego para someter directamente sus alimentos, hasta las opulentas y refinadas artes culinarias ejercidas en la corte de Moctezuma II, emperador de México-Tenochtitlán, para enriquecer su mesa con comidas "hasta número de cien".[3] Por su parte, los pueblos del centro y sur de México, además de la pesca, la caza y la recolección, habían domesticado ciertos animales y cultivaban algunos frutos de la tierra; ello aunado al uso de la cerámica para cocer los alimentos y mezclarlos, les permitió desarrollar una cocina más compleja.

Sin embargo, son los fundadores y habitantes de Tenochtiltlán, pueblo llamado por Huitzilopochtli a enseñorearse sobre los demás, quienes recogen la tradición de las culturas mesoamericanas y concentran, por medio del tributo, la riqueza de sus vecinos sometidos. Amplían su dieta con el tráfico de pescado de la costa del Golfo y mejoran sus cultivos en los huertos flotantes conocidos como chinampas. Pero

[3] Bernardino de Sahagún, *Historia general de las cosas de la Nueva España*, Libro Octavo, Cap. XIII.

son los habitantes poderosos de la ciudad quienes pueden gozar de todos esos dones y patrocinar el desenvolvimiento de un arte culinario. Por su parte, el pueblo de Tenochtitlán y de los reinos sometidos, tenían una dieta que "consistía en maíz, frijoles y guisados hechos con chile, tomate y sal a los que añadían a veces pepitas de calabaza (pipián)"[4].

Vencida Tenochtitlán tras el asedio de Cortés y sus aliados, el hambre hermana a los contendientes y antes de que los indígenas recuperen sus antiguos cultivos y de que los españoles inicien la afluencia de los primeros productos comestibles embarcados en las Antillas -entonces nexo entre viejo y nuevo continente-, unos y otros se ven en la necesidad de mal alimentarse con lo que encuentran a la mano:

> Hemos comido palos de colorín,
> hemos masticado grama salitrosa,
> piedras de adobe, tierra en polvo, gusanos...
>
> Comimos la carne apenas
> sobre el fuego estaba puesta.
> Cuando estaba cocida la carne,
> de allí la arrebataban,
> en el fuego mismo la comían.[5]

Los mexicas recordaron entonces los tiempos difíciles de la fundación de su ciudad, dos siglos atrás, cuando relegados a los más inhóspitos islotes del lago de Texcoco, habían aprendido a comer culebras, raíces de plantas acuáticas, ajolotes e insectos...

Todo estaba por hacerse de nuevo. No obstante, vencedores y vencidos guardaron usos y costumbres que el trato obligado de cada día fue modelando para crear la nueva cultura mestiza.

---

[4] Sonia Corcuera, *Entre gula y templanza. Un aspecto de la historia mexicana*, p. 32.

[5] "Los últimos días del sitio de Tenochtitlán" en Miguel León-Portilla, *La visión de los vencidos*, p. 166.

Los primeros brotes del mestizaje

El contacto súbito de dos culturas tan diferentes entre sí tuvo que haber despertado entre indígenas y españoles gran recelo, pero también enorme curiosidad. Prueba de esto son los testimonios que los grandes cronistas de la Conquista dejaron; en ellos describen con detalle las costumbres de los aborígenes.

Seguramente urgía establecer de alguna manera cierta normalidad en la vida diaria para cubrir el enorme vacío que dejara como saldo la guerra de Conquista. En el propósito de recuperar sus hábitos, unos y otros descubrían que todo había cambiado. Los españoles se encontraban en tierras extrañas sin poder echar mano de los frutos que los proveían de aquél sustento con el que se identificaban como pueblo. Había que abastecer a las nacientes colonias con trigo, aceite, vino, -ingredientes básicos de sus tradiciones culinarias y religiosas-. Igualmente había que traer animales domésticos que les suministraran carne, también uno de sus principales alimentos. "Cuestionando a quienes vivieron por aquellos años en Europa —dice Sonia Corcuera— se encuentra un denominador alimenticio común: gusto por las carnes y necesidad de pan".[6] En cambio, en tierras mexicanas se consumía poca carne; los nutrientes más bien provenían de los productos de la tierra.

Si bien los indígenas estaban en la posibilidad de continuar extrayendo del suelo esos frutos que siempre les había ofrecido, la verdad es que ya no podían seguir haciéndolo con la misma autonomía, pues ya no eran los dueños de la tierra. Y si sus oportunidades alimenticias se ampliaban potencialmente con los nuevos productos introducidos, sus tradiciones se veían violentadas por la imposición de usos y costumbres españoles: de allí en adelante, su cosmovisión y junto con ella todas sus prácticas cotidianas serían sofocadas por las de los conquistadores. Quizás el caso más dramático y elocuente en relación con las costumbres alimenticias, haya sido la prohibición impuesta por los españoles al consumo ritual de las semillas de amaranto -las mismas con que se

---

[6] Sonia Corcuera, *opus cit.*, p. 47.

preparan hoy las populares "alegrías"–, con ellas los mexicas elaboraban unos panes que simbolizaban a Huitzilopochtli e ingerían en comidas ceremoniales. En náhuatl estas semillas se llaman *huautli*; mientras que los españoles las conocen como bledos. La expresión "No importar o no valer un bledo" equivale en el *Diccionario de la Real Academia* a "Ser de suyo insignificante". Mientras que para un pueblo esta semilla encarnaba el cuerpo de su dios tutelar, para el otro representa –aún hoy– lo inútil, lo que no tiene importancia.

Indudablemente, el gusto o la necesidad fueron moldeando las resistencias originales de unos y otros, favoreciendo la aceptación de la comida ajena. Sin embargo, al mismo tiempo, mexicas y españoles sostuvieron fielmente sus antiguas tradiciones culinarias. Se dio a la vez un proceso de afirmación de lo propio y de aceptación de lo nuevo. Como testimonio de esto quedan las descripciones que hacen por un lado, fray Bernardino de Sahagún y, por el otro, Bernal Díaz del Castillo. El primero nos da cuenta "De las comidas que usaban los señores Aztecas", en donde nos enteramos que consumían varios tipos de tortillas, tamales solos, con bledos o frijoles, "cazuelas con chiles, tomates y pepitas de calabaza molidas que se llaman pipián", aves, peces, ranas, ajolotes y renacuajos, hormigas aladas y gusanos de maguey, langostas y camarones; frutas tales como ciruelas, zapotes, anonas, raíces de árboles, batatas, yerbas verdes, potajes, puchas y mazamorras, atoles con chile y miel".[7]

Bernal Díaz del Castillo relata el primer banquete que ofreció Cortés en Coyoacán. Con este fin se trajeron de Cuba puercos y vino. El mismo cronista nos hace la relación de los festines que el primer virrey don Antonio de Mendoza y el conquistador Hernán Cortés, marqués del Valle de Oaxaca, dieron en 1538 para festejar las paces entre España y Francia. En ellos se sirvieron, además de ensaladas, aceitunas, rábanos, quesos, cardos, nabos, coles y garbanzos, todo tipo de carnes y aves de varias clases, en empanadas, en pasteles o guisadas. Los platillos eran manjar blanco, pepitoria, torta real, escabeche. Los

[7] Fray Bernardino de Sahagún, *opus cit.*, Libro VIII. Cap. XIII.

postres: mazapanes, almendras, confites, acitrón y frutas. Las copas de oro y plata se llenaron con vino blanco y rojo, agua, jerez, clarete y cacao. En estos convites el guajolote (gallo de papada) y el cacao alternaron con otros productos de la cocina española.[8]

Sobre esta vía de dos sentidos -afirmación de lo propio, aceptación de lo nuevo- se finca la riqueza de la cocina mexicana. Terminada la guerra de conquista e iniciado el proceso colonizador, ninguno de los dos grupos olvida lo que tradicionalmente ha sido su sustento. Pero la tendencia a mezclar y a innovar -procesos naturales en la cocina- empieza a reunir elementos extraños de una y otra para dar a luz guisos inéditos.

> Nuevos cultivos y formas de producción, animales domésticos de nutrición y transporte, nuevas habilidades e industrias, contribuyen a crear una nueva familia y sociedad; los religiosos, cocineros y amas de casa, en los conventos, comedores y hogares que respectivamente van estableciendo, a medida que continúa la total dominación y ocupación de las tierras que hoy conforman México, ensayan y producen nuevos manjares, empleando los productos naturales locales, de lo que se originan las comidas regionales, de particularidades exclusivas y que integran la heterogeneidad y pluralidad de una incipiente cocina nacional.[9]

No obstante, la gestación de los grandes platos mexicanos tenía que esperar a que se erigieran los conventos, los palacios y las haciendas que pudieran favorecer y albergar las producciones barrocas de la Nueva España.

Entre tanto, los productos nativos y los adquiridos se daban cita en los mercados, en donde se brindaban al gusto y al ingenio para que ensayaran nuevas posibilidades de combinación. De este modo, grasas, ajos, cebollas, carnes, se mezclaban con chiles, tomates, jitomates, tortillas,

---

[8] Cfr. Bernal Díaz del Castillo, *Historia verdadera de la Conquista de la Nueva España*, Cap. CLVI y Cap. CCI.

[9] Amando Farga, *Historia de la comida en México*, pp. 82-83.

para crear todo tipo de antojos, los cuales ya se ofrecían en los mercados prehispánicos, aunque ahora enriquecidos con los nuevos ingredientes. En México la venta de comida para ser consumida en el mismo mercado -fijo o ambulante y aun en los modernos supermercados- tiene su antecedente en aquellos mercados prehispánicos. No sólo los locatarios que expenden su mercancía en el lugar acuden a disfrutar los platos de la comida popular -antojitos, cocteles de mariscos, pozoles, caldos, arroz, guisados- sino que compradores y todo tipo de paseantes comen allí o siempre caen en la tentación del antojo, "esa forma intempestiva, violentísima e instantánea del amor que es el antojo".[10]

El intercambio de alimentos no se hacía únicamente en los mercados locales. Las costas de Nueva España fueron puertas de entrada y salida de múltiples mercancías que procedían tanto de Oriente como de Occidente. Los dones de México al mundo en materia alimenticia son, según la lista que hace Salvador Novo:

> **Semillas:** maíz, frijol, *huautli* (que los españoles llamaron "bledos"...), chía, cacao y cacahuate.
> **Frutos:** jitomate, chile, calabaza, piña, papaya, anona, chirimoya, guayaba, mamey, zapote (negro, blanco, amarillo...), chicozapote, nuez encarcelada, jocotes y tejocotes, capulines, tunas, pitahayas, aguacate, chayote, chilacayote.
> **Raíces:** guacamote, yuca, camote, jícama, raíz de chayote.
> **Flores:** la vainilla -*ixtlixóchitl*, flor negra- como la principal.
>
> Chile, vainilla y chocolate representan la culminante contribución de México al deleite gastronómico del mundo.[11]

Nueva España recibe arroz, azúcar, frutas, legumbres, carnes, aves, especias, aceites, vinos... Si por una costa, la atlántica, llegaron Europa y África en los cargamentos de la flota de España; por la otra, la del Pacífico, vino Oriente con sus tesoros en la carga del galeón de Manila. Las naves arribaban llenas de riquezas, gastronómicas y domésti-

[10] Salvador Elizondo, "El antojo", en Martha Chapa, *La cocina mexicana y su arte*, p. 28.
[11] Salvador Novo, *Cocina mexicana o Historia gastronómica de la ciudad de México*, pp. 36-37.

cas, las cuales convirtieron a la ciudad de México en "un paraíso de la tierra colmada de toda comodidad y delicias",[12] según testimonio de un viajero de la época.

Esta profusión de mercaderías, esta amalgama de objetos, llegan a Nueva España en aluvión. Y quizá sea esta característica la distintiva de la cultura mexicana del siglo XVI. José Moreno Villa afirma que "aquí todo era de aluvión, realizado a empujones tardíos y deslavazados".[13] El torrente era también humano. Arribaban por las costas de Veracruz innumerables viajeros, comerciantes, pobladores o simples aventureros. Por ello, muy pronto, en 1525, se estableció en la ciudad de México el primer mesón para ofrecerles alojamiento y comida. Y, en la ruta entre Veracruz y México, se instalaron otros más. En estos mesones privaba la dieta española: "asado e cocido e pan e agua"; el vino se pagaba aparte. Pero en las ventas de los caminos ya se expedía "mahiz", "gallina de la tierra (pípila)", "gallo grande de papada de la tierra (guajolote)", junto con "conexo" y "carne de puerco e venado fresco e salado".[14]

Con la afluencia de todos estos pobladores, la sociedad novohispana se iba incrementando y el territorio de la Corona de España en tierras americanas se ensanchaba, según se realizaban nuevas expediciones y asentamientos. Las ciudades crecían y en tanto se iba afincando un modo de vida, surgían las grandes construcciones civiles y religiosas y un estilo estético: el barroco. Los grandes, suntuosos platos de la cocina mexicana están por nacer.

La gran cocina barroca

El historiador del arte José Moreno Villa propone una tesis para interpretar las artes plásticas novohispanas; ésta quizá nos sirva para reflexionar sobre el desarrollo de las prácticas culinarias en México.

---

[12] Francesco Carletti, *Razonamiento de mi viaje alrededor del mundo. (1594-1606)*, en Sonia Corcuera, *opus cit.*, p. 171.

[13] José Moreno Villa, *Lo mexicano en las artes plásticas*, p. 29.

[14] Cabildo de 9 de enero de 1526, en Luis González Obregón, *México viejo*, citado en Amando Farga, *opus cit.*, pp. 42-43.

Sostiene que "lo mexicano más álgido y diferencial" no se manifiesta simultáneamente en las tres artes sino que se presenta primero en la escultura, después en la arquitectura y finalmente en la pintura, con un ritmo bisecular. Así, en el siglo XVI florece una escultura tequitqui; en el XVIII, una arquitectura ultrabarroca y, en el XX, la pintura contemporánea. Llama tequitqui (tributario en náhuatl) al arte cristiano con supervivencia de estilos previos mezclados con formas francamente renacentistas; arte mestizo, diferente del europeo y, sobre todo, hecho "por los que pagaban tributo a los conquistadores, a la monarquía española".[15]

En el universo de la cocina descubrimos que este concepto de arte tributario puede ser útil para entender el desarrollo de lo culinario en México. Son las mujeres indígenas quienes ofrecen su mano de obra en casas mestizas y criollas, así como en los conventos y haciendas. Son ellas las artífices anónimas que van creando la cocina cotidiana; las que, para cumplir con su trabajo, se ven en la obligación de admitir los nuevos métodos de cocinar, pero al mismo tiempo –como sucede con el arte– van dejando poco a poco la huella de sus tradiciones, sus gustos, ingredientes, texturas, en los platos que sirven a sus amos. De esta manera podemos imaginar una de las formas que favorecieron el mestizaje culinario del siglo XVI: una cocina de molde occidental con la impronta de quienes "pagaban tributo".

De esta manera, durante el virreinato –a partir de la fusión de productos así como de prácticas ancestrales de una y otra cultura–, se va consolidando el mestizaje culinario. Así, a lo largo del siglo XVII, en la Nueva España, destaca la cocina conventual, en la que sobresale la figura de Sor Juana Inés de la Cruz, escritora de lo divino y lo humano, cuya presencia resplandece en la cocina. No sólo meditó sobre las propiedades químicas de los ingredientes, los cambios que éstos sufrían en las mezclas y al ser expuestos al fuego. A ella también se le atribuyen cerca de cuarenta recetas de la prestigiada cocina conventual. El recetario va encabezado por un soneto dedicatoria, cuyos primeros endecasílabos dicen así:

15 José Moreno Villa, *opus cit.*, pp. 29-31.

> Lisonjeado, ¡oh hermana! mi amor propio,
> me conceptuó formar esta escritura del Libro
> de Cocina y ¡qué locura! Concluirla [...]

Amor propio y lisonja que posiblemente ejerció en las tardes de recepción, al ofrecer a sus visitantes insignes, postres y bebidas, o al enviar a sus amistades de la corte virreinal "recados de chocolate", "pastillas de boca", entre otros regalos gastronómicos, acompañados de algún poema de ocasión como el que sigue:

> **"Enviando unas pastillas de boca y unos guantes de olor, a un Compadre"**
>
> Si el regalo me toca
> por Compadre, así se hará:
> pero el regalo será
> tan solamente de boca.
> Mas, con todo, me provoca
> a mí el cariño también,
> a que vuestras manos den
> de mi voluntad un rasgo,
> porque nuestro compadrazgo
> a todos les huela bien.[16]

Don Artemio de Valle-Arizpe, quien a principios del siglo XX se dedicó a recrear la vida de la Nueva España, hace una reconstrucción exaltada de las confituras provenientes de los fogones del convento de las madres jerónimas, orden a la cual pertenecía sor Juana. En la relación de los deleitosos nombres de los postres, apreciamos la variedad y riqueza de la repostería conventual:

> Sus dulces son una pura maravilla, la cima y el emporio del convento; sus alfajores de tradición morisca, sus melindres y susamieles, sus yemitas acarameladas entre picados papelitos de diferente

[16] Sor Juana Inés de la Cruz, *Obras completas*, t. 1, "Lírica personal", p. 253.

> color, semejan extrañas flores, sus huevitos de faltriquera, sus alfeñiques, sus leves aleluyas, sus canelones de acitrón, sus tiranas de calabaza, sus refulgentes picones de camote con piña y almendra, de camote con naranja, o camote con chabacano, sus sonrosadas panochitas de piñón, ligero rubor hecho dulce, y sus eximios peteretes, sus mantecadas y su gorja de ángeles y sus tortas rellenas y tortas pascuales y las empapeladas ya con barrocos dibujos de canela que exceden a todo gusto y a todo aroma.[17]

En este sugerente inventario percibimos también el origen múltiple de esas golosinas: el azúcar trabajada con todo tipo de ingredientes, entre ellos calabazas, camotes y piñas, frutos mexicanos incorporados a la repostería hispánica de origen árabe, latino o de inspiración eclesiástica; barroca, en fin.

Hoy nos preguntamos: ¿qué ocurre con el arte culinario conventual del siglo XVII que se nos antoja tan mundano, seductor, lisonjero, incitador de las gulas de personajes ilustres? Por un lado, los protagonistas de estos tentadores acontecimientos son monjas españolas o criollas y, por lo tanto, de familias acomodadas, quienes propagan las tradiciones gastronómicas de la metrópoli. Por otro, los usos y costumbres aristocráticos de la época los dicta la corte virreinal a la cual sor Juana estuvo siempre vinculada y, por lo mismo, ella y sus compañeras de claustro tenían que ponerse a la altura en refinamiento de sus nobles interlocutores. Y por fin, porque nos encontramos en el apogeo del barroco, del cual España y Nueva España fueron adictas cultivadoras. Arte inspirado por el espíritu de la Contrarreforma, de carácter religioso, erigido sobre una profunda contradicción: la mundanidad de sus formas –aquí incluida la cocina– contradice su anhelo de infinito. Como dice Américo Castro, "[...] el barroco pugna por aproximarse a un paraíso que le anunciaron y que juzga ya perdido".[18]

Produce regocijo observar que este espíritu del barroco queda apresado en la cocina, en los nombres celestiales de algunos postres y en los imposibles actos de paladear una gorja de ángel o introducirse

---

[17] Artemio de Valle-Arizpe, "Vida en clausura", en *Sala de Tapices*, p. 64.

[18] Citado en Gonzalo Celorio, "Alejo Carpentier: el barroco metafórico", p. 22.

en la boca una leve aleluya hecha de azúcar, de aquéllas que las monjas solían regalar en la Pascua de Resurrección, o mordisquear una yemita sabiendo que la otra parte del huevo, la clara, fue a cumplir misiones sagradas al ser empleada como adhesivo para las hojas de oro en los retablos barrocos de las iglesias.

Y no sólo eso. En Puebla el gusto popular convierte a la arquitectura en pasta de azúcar. Por ejemplo en la "Casa del Alfeñique", construcción del siglo XVIII, nombrada así por las barras blancas que enmarcan las ventanas servidas en cerámica de talavera con que está revestido el edificio. "¿Por qué no se bautizan así también otras muchas obras de la ciudad?" –se pregunta Moreno Villa–. "Porque el hecho es que la mayoría de las iglesias poblanas tienen su dosis de azúcar. De azúcar estirada en barras muy delgadas y retorcidas, que es como define la Academia al 'alfeñique'".[19] De esta manera, aparecen constantemente los rasgos distintivos del arte novohispano, así en la arquitectura como en la cocina, aunque ésta se adelantara un siglo a la otra en dar a luz a sus grandes creaciones inconfundiblemente mexicanas, según la cronología propuesta por Moreno Villa.

En San Luis Potosí, aún hoy, basta con asistir a alguna fiesta religiosa –la Semana Santa, por ejemplo– y salir del templo del Carmen para encontrar que los puestos de dulces montados afuera exhiben figuras de azúcar coloreada –canastitas con frutas, ángeles, arlequines, ramilletes– que son un remedo en miniatura –¿o será al revés?– de las esculturas barroco-populares que decoran el altar lateral del templo: el mismo colorido, la misma coquetería: un pleno jugueteo. Ésta es la manera como México ha sabido crear, por placer, por juego, postres y objetos con ese producto hecho cristales por los árabes y traído al nuevo continente por Hernán Cortés.

En otra cocina conventual, la del monasterio de Santa Rosa en Puebla de los Ángeles, también en el siglo XVII, nace para deleite del mundo el mole poblano. Plato legendario y barroco, confeccionado con alrededor de treinta ingredientes (sin contar el guajolote) en un guiso que, al decir de Paco Ignacio Taibo I, está a la altura de la

---

[19] José Moreno Villa, *opus cit.*, p. 36.

grandeza del mar y del Cañón del Colorado porque el plato, al igual que las maravillas de la naturaleza, suscita en torno suyo un vacío de palabras, "un fervor paralizante".

En realidad, Taibo I, el hispano-mexicano, y Alfonso Reyes, el mexicano, son los únicos escritores que han medido su pluma con las excelencias del guiso. En un intento de emular la manera de preparar el plato, a base de múltiples ingredientes, ofrecemos su receta literaria elaborada con poquitos de uno y otro maestros.

Plato gigantesco por la intención, enorme por la trascendencia digestiva; comida mayor, incitadora de asombros y perplejidades; pieza de resistencia en nuestra cocina, piedra de toque del guisar y el comer; alegría gastronómica vestida de luto, causa de irremediables nostalgias papilares; comida mítica y totémica, hace al hombre más valiente en el amor y en la guerra, dispuesto a bien morir; uno de los más felices y fabulados platillos del mundo; hijo de un espíritu intrépido y de manos monjiles, las de sor Andrea, quien adereza esta fiesta casi pagana; audacia ciclópea, resumen de una civilización musculosa, aunque su manipulación es delicada, minuciosa, chiquita; plato de origen indígena y manufactura criolla, reinventado para un ilustre comensal español, el excelentísimo señor don Antonio de la Cerda y Aragón, conde de Paredes y marqués de la Laguna, virrey y capitán general de la Nueva España; guiso, en fin, competidor de los versos que sor Juana compusiera para halagar a este mismo virrey.

Pues bien, este prestigioso y ensalzado plato confirma la presencia del mismo espíritu barroco que inflamó cuerpos y corazones de laicos y religiosos novohispanos en los siglos XVII y XVIII, tiempo en que "el barroco poblano [erige] una arquitectura que se sueña alimento".[20] Y los platos se elaboran con la suntuosidad de las catedrales:

> "Así como el barroco colonial no ponía límite a la profusión de los ornamentos y al boato —comenta Italo Calvino—, por lo cual la presencia de Dios se identificaba con un delirio minuciosamente

[20] Cfr. Paco Ignacio Taibo I, *Breviario del mole poblano*. Para una lectura deleitosa sobre este plato, remito al lector a este *Breviario* y al texto que Alfonso Reyes le dedica en sus *Memorias de cocina y bodega*.

calculado de sensaciones excesivas y rebosantes, de la misma manera el ardor de las cuarenta y dos variedades indígenas de chiles sabiamente escogidos para cada manjar abría las perspectivas de un éxtasis llameante".[21]

Sin embargo, no todos los faustos culinarios corresponden a los conventos ni al siglo XVII. Es en el XIX, consumada la Independencia, cuando nace otro suculento plato mexicano: los chiles en nogada; tradición culinaria de la Nueva España, dentro de la que surge esplendente como un manjar de lujo. Los chiles en nogada se yerguen sobre sus antecesores -los más cotidianos chiles rellenos-, no sin agradecerles su filiación. Además, en esta insólita mezcla de chile poblano capeado, picadillo de carne -con aderezo de almendras, pasitas, acitrón, piñones-, salsa de nuez y granada desgranada, se conjugan con todo éxito las herencias prehispánicas, árabes, orientales y españolas de la gran cocina barroca mexicana. En materia de contraste de sabores: dulce, salado, ligeramente picante, agridulce, con sus respectivos aromas; en asunto de texturas: las lisas y relucientes del chile, las esponjosas del huevo batido que, en ocasiones, lo cubre, las arenas suaves y húmedas del nutrido relleno, las cremas de la salsa y los cristales de los granos de granada. Y en cuanto a la plasticidad, se desentiende de imitar a la naturaleza y se aplica a reproducir un emblema de hondo significado nacional, por lo que coincide con una de las intenciones estéticas del barroco -aunque en este caso es laico, si cabe la expresión-: arte que recrea los objetos culturales, no los naturales. Su origen, como los de toda cosa o gente llamada a la fama, se confunde con la leyenda y se relaciona con personajes ilustres y acontecimientos relevantes. Existen dos versiones sobre su nacimiento. Don Artemio de Valle Arizpe atribuye la factura de los chiles en nogada a tres damas jóvenes de la sociedad poblana que quisieron agasajar a sus novios, vueltos a Puebla después de haber servido a Iturbide en el Ejército Trigarante. Agustín Aragón Leiva, en cambio, refiere que la causa de su existencia en la gastronomía mexicana es el propio emperador de México, a quien quisieron las damas poblanas regalar con este plato después de que hubo firmado los Tratados

[21] Italo Calvino, "Sabor saber", en *Vuelta* 87, p. 10.

de Córdoba. Las fechas de su creación tampoco coinciden en ambas versiones. Para el que fuera cronista de la ciudad de México, fue el 28 de agosto de 1822, "fiesta titular del Señor San Agustín, el de la vida truculenta".[22] En cambio, para el escritor gastronómico fue el 21 de agosto de 1821.[23] Como quiera que haya sido, lo importante es destacar que uno de los motivos de inspiración del platillo fue el de recrear los colores de la bandera del Ejército Trigarante, mismos que desde entonces se dan cita en la bandera mexicana. Así como poner de relieve que éste ya no es un plato manufacturado por manos religiosas sino laicas, y que nace junto con el México independiente.

Lo que sucede es que por la cocina no sólo pasan los productos con que se elaboran los platos. No es tampoco asunto exclusivo de trastos, cucharas y sartenes, ni actividad puramente manual. En ella se conjugan la inventiva y el ingenio humanos y es resultado, en última instancia, de cuestiones tan trascendentes –y en apariencia tan alejadas del mundo culinario– como las nuevas teorías cosmológicas de Kepler que suscitan el abandono de la idea del centro, del límite en el universo y engendran el horror al vacío, causa de la superabundancia del barroco, patente en estos platos. La cocina es producto de cambios sociales y políticos como la Independencia de México, que erige un nuevo centro de poder emancipado de la monarquía española, más autónomo frente a la estrecha vigilancia del clero y abierto ahora a otras influencias culturales, que modificarían las estructuras de la sociedad y la visión del mundo en el México naciente.

La presencia de la cocina francesa

México declara su independencia de España y, a la vez, su admiración por las ideas y la cultura de Francia. Al conquistar su autonomía política, se presenta entre mestizos y criollos un rechazo por los valores culturales españoles y una decidida apertura hacia los beneficios de las costumbres francesas y, en grado menor, de las inglesas.

---

[22] Cfr. "Los chiles en nogada", en Artemio de Valle Arizpe, *opus cit.*, pp. 199-209.

[23] Citado en Amando Farga, *opus cit.*, pp. 91-92.

Francia extendía su dominio cultural en Europa y América. España también caía bajo su cerco. Con el advenimiento de Felipe V Borbón al trono español; con la literatura prerrevolucionaria y napoleónica y con la misma invasión francesa, "España entera, aun el pueblo sin saberlo y sin darse cuenta, se afrancesó de tal suerte, que ya no le pareció bueno sino lo que tenía el marchanto francés, fueran ideas o guisados, costumbres o fritos, trajes o dulces".[24]

Sin embargo, España ya había influido antes en las costumbres culinarias francesas con la introducción en Europa de los productos americanos y la adopción por parte de Francia de preparados tales como el ali-oli valenciano que transformó en una *aillade*, y la salsa mahonesa, que se transmutó en *mayonnaise* y fue probada por el duque de Richelieu cuando rindió en 1757 la plaza de Mahón, en Menorca. Y también la aceptación de los cítricos y los sabores agridulces, así como de las ollas podridas, tan apreciadas por Sancho Panza, que se convirtieron en *pot-au-feu* y el consumado en *consommé*, entre otros platos.

Durante el reinado de Luis XV, en la segunda mitad del siglo XVII, María Teresa de Austria, hija de Felipe IV de España y esposa del monarca francés, impone en Versalles el gusto por algunos platos de origen español y diversos productos de procedencia americana. A pesar del desprecio con que es tratada María Teresa en la corte y de las burlas que originan sus prácticas culinarias, éstas acaban por ser aceptadas a tal punto que se nacionalizan francesas y son devueltas después a España y a todo el mundo como platillos galos. Entre ellos están la pasta *feuilletée* que no es más que el hojaldre español, la tortilla a la francesa que resulta ser una tortilla de la Cartuja, de factura conventual, y el chocolate mexicano como bebida. Con todo, el estilo de Versalles se difunde en las cortes europeas y aun en la virreinal de Nueva España. "La corte de Francia" —asegura Octavio Paz— "fue el modelo insuperable de Occidente, sobre todo en la época de sor Juana".[25] Así que cuando México en el siglo XIX patentiza su entusiasmo por los usos y costumbres franceses, éstos ya habían arraigado en las clases altas por lo menos siglo y medio antes.

---

[24] Dionisio Pérez, *Guía del buen comer español*, p. 38.

[25] Octavio Paz, *Sor Juana Inés de la Cruz o Las trampas de la fe*, p. 43.

Por otro lado, a pesar de la admiración que el México independiente manifiesta por Francia, nuestras relaciones político-gastronómicas no fueron necesariamente felices. Baste recordar la Guerra de los Pasteles, desatada en 1838 por la presión comercial y militar que ejerció Francia. Intentaba lograr del gobierno mexicano el pago de una indemnización, a causa de los perjuicios que algunos comerciantes –entre ellos un pastelero– habían sufrido en sus negocios durante saqueos y motines callejeros. De igual manera, la intervención francesa que culminó con la imposición en nuestro país de un segundo imperio, con Maximiliano de Habsburgo como emperador.

No obstante, las clases acomodadas tienden a adoptar un estilo de vida marcado por la elegancia y el refinamiento. La mesa se sirve a la francesa: los platos son bautizados con nombres en francés. Pero sobre todo, surge una nomenclatura culinaria que no sólo consiste en términos novedosos, sino en verdaderas operaciones de cocina, las cuales representan una genuina aportación. Así aparecen platos, salsas, procedimientos, utensilios que, al conservar su nombre francés o adoptar la correspondiente traducción al español, atestiguan su reciente cuño en la cocina de origen hispano, o bien, su inexistencia previa en ella.

Empiezan a figurar en los menús de hoteles y restaurantes los: *aspic, bisque, bouillabaise, brioche, chaufroids, croquembouche, foie gras, fumet, hors d'œuvre, profiterolles, soufflé...*; las salsas *bechamel, financière, maître d'hôtel, ravigote, velouté...* Y los *chefs de cuisine* enseñan a su personal a blanquear carnes, pescados y verduras; a clarificar caldos, jugos y grasas; a clavetear con trufas aves y carnes; a glasear carnes con jugos reducidos; a moldear platones, pralinar almendras; a saltear verduras y tornear hortalizas y frutas para las guarniciones.[26]

Curnonsky, a quien cita y comenta Alfonso Reyes, hace una clasificación de la cocina francesa. Dicha distribución puede sernos útil para examinar el tipo de cocina que influyó en la mexicana del siglo pasado. En primer lugar está la alta cocina, "la refinada y suprema, la más expuesta por desgracia, a las falsificaciones y desvíos". Viene después la cocina burguesa, "la honrada y fundamental, la inimitable, la cocina en

---

[26] Todos estos términos han sido tomados de Jules Gouffé, *El libro de cocina.*

profundidad y no en superficie"; la cocina regional, "gloria sin sombra que ilumina el territorio francés" y la cocina improvisada o labriega, "que se hace con cuanto hay a la mano, en el corral propio, en la hortaliza, en los gallineros vecinos, preferida de muchos".[27]

En los sitios públicos y elegantes de México, en los salones de fiesta, en las recepciones oficiales, se ofrece la alta cocina francesa, expuesta quizás en muchos momentos a "falsificaciones y desvíos" inherentes al trasplante. Esta, junto con la cocina burguesa, la que se cultiva en Francia en "casa de amigos escogidos y afortunados",[28] son las que se recogen y transmiten en los libros del siglo XIX, y las que intentan instruir a la sociedad mexicana en las artes del buen comer y del buen guisar.[29] Varios de estos libros de cocina reúnen también estilos italianos, españoles e ingleses, y en alguno de ellos se advierte que las recetas han sido adaptadas a "nuestros gustos y paladares; de modo que aun los más apegados á nuestros antiguos usos, no se desdeñen en la mesa de hacer el honor á los platos, dispuestos según las reglas de los maestros consumados de la Francia".[30] Ello significa que a la vez que se admiten las importaciones de la francesa, se reconoce la existencia en México de una cocina doméstica tradicional equivalente a la burguesa, en "profundidad".

Lo mismo se diría de las otras dos homónimas mexicanas, la regional y la campesina. La primera resulta de la diversidad de materias primas que se encuentran en las distintas regiones del país, así como de las tradiciones culinarias locales. Y la última, la cocina campesina mexicana, es la que ha conservado con mayor pureza sus raíces indígenas. Así que difícilmente la cocina francesa pudo haber influido en una o en otra. "El siglo XIX mira a los indios perdurar al margen de los refinamientos culinarios que importa un mayor y

---

[27] Alfonso Reyes, *opus cit.*, p. 47.

[28] *Idem*, p. 47.

[29] *Novísimo arte de cocina* (1831); *El cocinero mexicano* (1831); *Manual de la cocinera* (*s. d.*); *Nuevo cocinero mexicano en forma de diccionario* (1883); *El libro de cocina* (1893).

[30] *Nuevo cocinero mexicano en forma de diccionario.*, s.p. (En la cita se ha respetado la ortografía original).

más diversificado contacto con Europa", corrobora Salvador Novo.[31] En realidad, quienes procuran el cultivo de la cocina francesa son las clases altas urbanas, principalmente de la capital del país, imbuidas, ya entrada la segunda mitad del XIX, de la cocina que se practica en la corte de los emperadores Maximiliano y Carlota. La cocina francesa ya no desaparece del panorama gastronómico nacional. Durante el Porfiriato también se le rinde culto. Y cuando México cumple un siglo de vida independiente, las clases gobernantes lo celebran con banquetes servidos por el francés Sylvain, y con minutas compuestas por platos de esa cocina.

Más allá de las modas y los deslumbramientos pasajeros, la cocina francesa con sus ingredientes y métodos, forma parte ya de las buenas prácticas culinarias mexicanas. Y que en la actualidad, gracias al arraigo que ha tenido, surgen dimensiones insospechadas, ya que nuestros ingredientes tradicionales –los que se consumen en todo el país o provienen de alguna región específica– son trabajados con procedimientos de la cocina francesa. Es así que los buenos cocineros mexicanos, aquéllos que mantienen las tradiciones y que a la vez han profundizado en el conocimiento del arte culinario, están creando una nueva cocina que seguramente dejará huella en la historia de la gastronomía nacional.

---

[31] Salvador Novo, *opus cit.*, p. 102.

[ANTOLOGÍA DE PRODUCTOS]

En ti se junta España con la China,
Italia con Japón, y finalmente
un mundo entero en trato y disciplina.

En ti los tesoros del Poniente
se goza lo mejor; en ti la nata
de cuanto entre su luz cría en el Oriente.

Bernardo de Balbuena, *La grandeza mexicana.*

De hierbas, especias y condimentos

"Se encaminaban los ejércitos hacia Egipto y hacia Persia y la India sólo para traer un sabor nuevo a los festines de Roma...".[32] Estas grandes movilizaciones, antecedentes de la otra trascendental expedición que dio por resultado el encuentro de dos mundos, prueban la enorme importancia que esos minúsculos frutos de la tierra han tenido para el paladar humano.

Las especias y condimentos pueden carecer de valor alimenticio; inclusive el uso excesivo de algunos llega a producir trastornos de salud. Sin embargo, la pasión con que el hombre ha procurado su presencia en la cocina es muestra de la calidad fundamental que busca alcanzar en el cultivo de nuevos sabores.

[32] Dionisio Pérez, *Guía del buen comer español*, p. 16.

En el *Nuevo cocinero mexicano*, una publicación de mediados del siglo XIX, aparecen bajo el rubro de: "AROMAS. Suele así llamarse a las especias",[33] nombre con el que se define la dimensión adicional que ellas otorgan a los platillos. Con este concepto coincide don Arnulfo Luengas cuando nos dice: "Las especias incitan el olfato antes de probar. Sería el perfume en una mujer".

Hierbas y especias están siempre a la mano en toda cocina. En el mundo doméstico son de ese tipo de presencias entrañables y silenciosas, que comparten junto con otros objetos la intimidad de los rincones y recuerdos familiares: "El retrato de mi madre" nos dice Juan Preciado "era un retrato viejo, carcomido por los bordes; pero fue el único que conocí de ella. Me lo había encontrado en el armario de la cocina, dentro de una cazuela llena de yerbas: hojas de toronjil, flores de Castilla, ramas de ruda. Desde entonces lo guardé".[34] La referencia que hace Rulfo a estas yerbas de la cocina de Dolores Preciado nos acerca poéticamente a su dimensión: su existencia es imperceptible hasta que la necesidad del sazón las reclama y las recupera de su aparente abandono -igual que el deseo del hijo en relación con la fotografía de su madre-. Además, su variedad es tal y su uso tan diverso que pueden estar allí, solícitas; o bien, la que se requiere para tal platillo puede evidenciar su diminuta importancia porque justamente ésa es la que falta y su ausencia logra hacer fracasar un plato. Y, todavía dentro de este universo doméstico, consiguen ser el elemento con que se mide la ausencia de compañía en el hogar y en la mesa: "Señora, si usted tuviera idea de mi soledad no me exigiría que comprara cinco pesos de perejil; me vendería diez centavos".[35]

Sin embargo, el verdadero y buscado propósito en el uso de condimentos ha sido y seguirá siendo dar contento al paladar, proporcionar, en el caso de la cocina mexicana, esa dimensión muy suya de lo sabroso, una ofrenda que suele estar presente en todo tipo de guisos:

---

[33] *Nuevo cocinero mexicano en forma de diccionario*, p. 40.

[34] Juan Rulfo, *Pedro Páramo*, p. 11.

[35] Gonzalo Celorio, *Para la asistencia pública*, p. 79.

> Huesos de manitas de carnero, de manitas de toro, de manitas de puerco, de pies y de alones de pollo; pero cada hueso tenía adherida una porción de carne. Estaba condimentado con culantro, habas verdes, aguacate y tornachiles –nos incita Manuel Payno en uno de sus tantos golosos pasajes–. El aroma bastaba para alimentar, y los pedacitos de carne que contenía cada huesito eran de lo más tierno y sabroso.[36]

A principios del siglo XX se usaban los nombres casi románticos de "manojito" o "ramillete" para "un paquetito de yerbas finas atadas juntamente, que se echa en las salsas y en los caldos para darles un alto gusto. Se compone de tomillo, perejil, ajo, cebollitas y laurel",[37] ingredientes seleccionados de entre la larga lista de condimentos y especias traídos por los españoles. Epazote, yerba santa, pápalo, quelite, achiote, pimienta de Tabasco –la redonda y gorda–, chepicha, pericón, guaje, pepitas de calabaza, vainilla, chía, quintonil, y desde luego el chile, son herencia del mundo prehispánico.

El chile parte de la trilogía de la dieta del mexicano junto con la tortilla y los frijoles, es el condimento por antonomasia de nuestra cocina. Legado de América a la gastronomía universal, el chile modificó algunas de las cocinas nacionales en Oriente, tales como la indonesa, la china, la vietnamita, la de India... Conocido por diferentes nombres –pimiento y guindilla en España, ají en el Caribe, páprika por los húngaros– el vocablo que nosotros usamos viene del náhuatl *chilli*. La diversidad de formas, sabores, colores, tamaños, puntos de maduración y maneras de utilizarlo es una de las causas de la enorme riqueza de la cocina mexicana y del atractivo visual de los puestos de mercado en que se expenden sus múltiples variedades. El gusto por éste va desde la pasión por el fuego y los placeres fuertes –de "gargantas forradas de hojalata" calificó la marquesa Calderón de la Barca a sus

[36] "La guía mexicana. Variaciones sobre un mismo tema", en *Almanaque literario. Espejo del siglo XIX para 1960*, p. 161.

[37] Ireneo Paz (ed.), *Diccionario del hogar*, t. II, p. 846

abusivos consumidores–; pasando por un "masoquismo benigno"[38] hasta llegar a un disfrute suave e inofensivo. Si la cocina mexicana en muchos platillos prescinde de él, es, sin embargo, reclamado en la preparación de salsas, adobos y moles –colorados, negros, amarillos, verdes, según el tipo de chile que se use–; puede darle su sazón especial a sopas, ensaladas, carnes y pescados y es indispensable en antojitos y tamales.

Los condimentos aborígenes y los de procedencia oriental o europea han sido incorporados a la cocina mexicana al punto de que uno no nativo como el cilantro (del griego *koriandron*) tiene más uso en la nuestra que en cualquier cocina europea. No obstante, de entre ellos, algunos son excluyentes. Por ejemplo, el chile y la pimienta, a pesar de que el almirante Cristóbal Colón tomó a uno por la otra, jamás se confunden en un guiso. El motivo, más que su oposición –sal y azúcar sí pueden ir juntos, por ejemplo– es su similitud: ambos son picantes, aunque en diverso grado.

Cada paso de la cocina lleva a cabo una acción diferente: limpiar, picar, asar, cocer, freír, sazonar... Para varios de ellos, el cocinero puede servirse de ayudantes. Pero para sazonar, sólo su mano experimentada logrará dar medida exacta: que ni sobre ni falte. Claro que la sazón, que quiere decir madurez, se va logrando en los distintos pasos y depende no sólo de lo que se le va adicionando al guiso, sino de los puntos de asado, cocción o fritura, según sea el caso. Pero la última palabra la tiene el buen manejo de especias y condimentos.

De tomates y jitomates

De entre las diferentes especies de tomate que se cultivan en México, el jitomate es el que ha adquirido carta de naturalización en la cocina internacional. Pero es Italia la que al recibirlo en 1554 con el nombre de *pomodoro* (manzana de oro) y elaborar con éste una de sus mejores salsas, agradece más cumplidamente el regalo americano.[39] Sobre todo si tomamos en cuenta el valor mitológico que la manzana tenía en el mundo grecolatino, sólo basta con recordar aquella leyenda que cuenta

[38] Razin y Schiller citados en Arturo Lomelí, *El chile y otros picantes*, p. 45.

[39] Se discute si es originario de México o del Perú.

cómo Paris premió la belleza de Afrodita –a quien prefirió sobre Hera y Atenea–con una manzana de oro, a cambio de la cual recibió el amor de la mujer más hermosa del mundo, Helena, por quien se desató la guerra de Troya. Frutos célebres y preciosos, que provenían de los árboles que producían en el jardín de las tres hijas de Atlas, las Hespérides, y que eran guardados por un dragón de cien cabezas y despertaron la codicia de Hércules, quien al matar al monstruo y apoderarse de las manzanas realizó uno de sus famosos trabajos. Otra tradición –la judeocristiana– se despierta cuando la condesa Paula Kolonitz, miembro del séquito de nobles que acompañó a México en 1864 a Maximiliano y Carlota, califica al jitomate como "manzana del paraíso": *Paradeisapfel*. El hecho de que un fruto relativamente nuevo en la gastronomía universal se relacione con mitos ancestrales hace pensar en la disposición con que fue recibido por algunos pueblos –si no por todos– y la manera en que la imaginación lo ancló en sus añejas tradiciones.

Sorprende también encontrar al jitomate ligado a una candorosa anécdota religiosa: un tal licenciado José Ignacio Borunda se comprometió en el afán de comprobar el paso del apóstol santo Tomás por Anáhuac, lo cual lo llevó a no dudar en construir, según era su costumbre, un malabarismo etimológico para la palabra *tomate* y proponer que "si el distintivo *tomatl* se descompone, resulta agua *atl*, *tom* de Tome. Esto es agua de Tomás".[40] En tan candorosa historia hallamos nuevamente a este fruto enseñorearse ahora entre los grandes santos de la cristiandad. "He aquí convertido a Santo Tomás en tomate, o al tomate en Santo Tomás", sentenciaron oportunamente dos ilustres doctores y canónigos de la "santa Iglesia metropolitana de México."[41]

---

[40] Cecilio A. Robelo, *Diccionario de aztequismos*, citado en Francisco J. Santamaría, *opus cit.*, p. 640.

[41] Dictamen que por superior orden del excelentísimo e ilustrísimo señor doctor don Alonso Núñez de Haro y Peralta dignísimo arzobispo de esta diócesis etcétera y etcétera, expusieron los doctores y maestros don José de Uribe, canónigo penitenciario, y don Manuel de Omaña canónigo magistral de esta santa Iglesia metropolitana de México sobre el sermón que predicó el padre doctor fray Servando Mier del Orden de Santo Domingo en la Insigne y Real Colegiata de Nuestra Señora de Guadalupe el día 12 de diciembre de 1794 en la solemne festividad de la milagrosa aparición de dicha santa imagen, 21 de febrero de 1795.

Si atendemos a su verdadera etimología náhuatl: *xitomatl* de xitli, ombligo y *tomatl*, tomate, o sea, tomate de ombligo[42] –nombre que recibe por el hundimiento que presenta en el lugar de la inserción del pedúnculo– resulta que a este fruto de la tomatera se le reconoce el mismo origen que el de todo ser humano bien nacido y que, además, se emparienta nada menos que con la ciudad sagrada de México, cuyo significado náhuatl es "en el ombligo de la luna".[43] Con todo lo anterior, no nos queda más que reconocer el poder mítico y poético que este fruto ha ejercido sobre la humanidad.

Sin embargo, el jitomate ha tenido también tratos humildes. Como cultivo aborigen, ha integrado la dieta tradicional del mexicano. Se encuentra entre los productos del mercado de Tlatelolco, que sorprendió por su abundancia a los conquistadores. Crudo y picado con cebolla, chile verde y cilantro es ingrediente básico de la salsa mexicana (llamada así por sus colores) y de la marinera en los cocteles de mariscos. Forma también parte del recaudo, junto con el ajo y la cebolla, usado en sopas aguadas, de verdura y de pasta o secas de arroz. Y puede llegar a ser sustento popular suficiente, pronto para ser ingerido: "En un jacal había encontrado un soldado sal y jitomates".[44]

De este fruto opina don Arnulfo Luengas: "Tiene múltiples usos. Es un elemento primordial para hacer todo tipo de guisados, salsas, ensaladas. Inclusive no necesitamos elaborarlo; con rebanarlo. Es el producto auxiliar número uno; como los colores básicos en la pintura. Yo diría que después del maíz sigue en orden de importancia; luego, la cebolla y el ajo".

Junto con el jitomate, su hermano menor, el tomate verde o de cáscara –igual de mexicano, aunque menos ilustre y universal– es elemento básico en las indispensables salsitas que, si no están en toda mesa, hacen su aparición a la pregunta de: "¿No tendrás una salsita?" Ambos, también, se emplean en salsas de chile de algunos guisos para "mitigar sus

---

42 Francisco J. Santamaría, *opus cit*, p.640

43 Gutierre Tibón, *El ombligo como centro erótico*, p. 7.

44 Victoriano Salado Álvarez, *Episodios nacionales*, II, XIX, 207, citado en Francisco J. Santamaría. *opus cit.*, p. 640.

ardores".[45] A "este caldillo de chile con tomates" todavía a mediados del siglo XIX se le conocía con el nombre de clemole.[46] Y son, en fin, compañeros de mercado, aunque no dejan de reconocer sus diferencias: "Aquella recaudería [...] en que los jitomates, rojos y rezumando sudor, como gentes atareadas, veían de reojo a los tomates, cloróticos y sensibles, cubiertos aún con la capa que habían traído de la mata".[47]

De los hongos

Los hongos han ejercido sobre los hombres una fascinación particular, tanto por sus varias propiedades -alimenticias, venenosas, alucinógenas- como por su extraño comportamiento y multiplicidad de formas. José Juan Tablada le concede a este singular reino el "derecho a irradiar misterio pues es en sí todo misterio. Puede parecer flor, siendo fruto [...] Y en rigor, pareciendo flor o siendo fruto, es un animal, por su capacidad de extraer sus alimentos del aire y de la tierra [...]"[48]

En el mundo prehispánico tuvo su propio dios: Nanacatzin (de *nácatl*, carne; *nanácatl*, reduplicación de *nácatl*, hongo; *tzin*, partícula reverencial), una de las cuatro deidades de Meztitlán, "lugar de la luna". Al explicarnos esta conjunción acude otra vez el poeta: "Los hongos que en general brotan durante la noche pueden haber sido considerados por los indios como hijos de la luna".[49] Y estos hijos de la luna, de origen misterioso pues surgen sin ningún cultivo, tienen propiedades alucinógenas. Son, junto al pulque, alimento de los dioses. El hombre los prueba en ocasiones especiales y "lo llevan ahí donde Dios está",[50] ya que cuando ingiere hongos de este tipo -siem-

[45] Cecilio A. Robelo, *idem.*, p. 1070.

[46] *Nuevo cocinero mexicano en forma de diccionario*, p. 180.

[47] Victoriano Salado Álvarez, *opus cit.*, V, 23, en Francisco J. Santamaría. *opus cit.*, p. 640.

[48] José Juan Tablada, *Hongos comestibles mexicanos. Micología económica*, p. 29. A lo que alude el poeta es al comportamiento *sui generis* del hongo, que lo hace pertenecer a un reino distinto de los tres clásicos: mineral, vegetal, animal. Sería el reino de los hongos, el cual es reconocido por la biología contemporánea.

[49] *Idem*, p. 32.

[50] Gordon R. Wasson, *Life Magazine*, junio 10 de 1957, citado por Ana María Benítez, *Cocina prehispánica*, p. 14.

pre en ceremonia ritual tanto en las ingestiones prehispánicas como en las contemporáneas, presididas posiblemente por Don Juan o por María Sabina–, se pone en contacto con una revelación trascendente: "Uno ve que se va a morir [...] otro ve que va a morir en guerra. Otro ve que será comido por las fieras [...]".[51]

En su relación con los hongos, alimento tan antiguo como el hombre, éste ha sabido distinguir las especies comestibles de las venenosas. Y muchos de los nombres que les ha dado responden a su intento descriptivo así como a su voluntad aleccionadora: ángel exterminador, amanita panterita, cantarela cibaria, cazahuanácatl (hongo de cacahuate), seta escabrosa, seta comestible, etcétera. Existen algunos tipos de hongos que han dado origen a leyendas populares. Hay uno de color azafranado, que crece en manojos entre los troncos podridos de los árboles y por la noche emite una luz fosforescente que se distingue a distancia. Este fenómeno enciende la imaginación de los campesinos, quienes creen ver al nahual, el cual tiene la propiedad de cambiar de figura y en este caso toma la forma de bola de lumbre. Sobra decir que, además, este hongo es sumamente venenoso.

Hay otro, el mexicanísimo "tizón de maíz",[52] que hincha los granos de la mazorca y convierte su blanca carne en una materia negra y aterciopelada. Puede ser ingrediente de platos sofisticados de la alta cocina nacional, o bien, en el mundo campesino, una aparición no solicitada en la milpa, la cual hay que aprovechar: "Y'aver si hay onque sea unos güitlacoches en la mazorca qui'ora se dieron muy mal por falta de agua".[53] O, de plano, una presencia sin ningún valor:

Fíjate, güele de noche,
no estoy tullido ni mocho,
mazorca de hüitlacoche
no sirves ni pa' bizcocho.[54]

51 *Códice Maritense*, citado en Ángel Ma. Garibay K., *Vida económica de Tenochtitlán*, pp. 91 ss., en Ana Ma. Benítez, *opus cit*, p. 18.

52 Francisco J. Santamaría, *opus cit.*, p. 1069.

53 Benigno Corona, *La barriada*, citado en Francisco J. Santamaría, *opus cit.*, p. 385.

54 Francisco Castillo Nájera, *El gavilán*, en *idem*.

De todas maneras, es estimado por el gusto popular, generalmente en quesadillas. A este hongo se le conoce como huitlacoche, güitlacoche o cuitlacoche, voz más propia esta última porque respeta su raíz náhuatl (*cuitlacochin*: mazorca de maíz degenerada y diferente de las otras; de cuitlatl, excremento, y cochi, negro, oscuro; metafóricamente).[55]

Otro hongo de uso común en la cocina es el champiñón, *Agárico campestre*; su nombre de origen francés (*champignon*: hongo) acusa la asociación que de él se hace con la cocina francesa. Sin embargo, sin cultivar crece en campos o jardines, aunque nunca en los bosques tupidos.

Las morillas o pancitas, las yemas, duraznitos, tejamaniles, pambazos, escobetas, clavitos, azules, todos, cuando empiezan las lluvias, hacen acto de presencia en tianguis y mercados del país y se van en cuartos, medios kilos o kilos a dar contento en las mesas, en donde se les come bien guisados con epazote, o en los puestos de mercado, donde hacen su aparición en sopes, tacos, quesadillas.

"Los hongos —nos comenta el chef Luengas— se manejan por temporada. En México sólo se cultiva el champiñón. De una semilla salen cuarenta cortes. Hay cultivos en Santiago Tianguistengo y en Cuajimalpa. Todos los demás hongos son silvestres. La morilla mexicana es la mejor del mundo. Se exporta a Estados Unidos y a Europa. El hongo tiene muchos usos. Puede ir de guarnición en todos los platos: con aves, pescados, carnes. Además, acepta muchos sabores, ya sean suaves -perejil, mantequilla- o fuertes -ajo, chiles, epazote-."

De pescados y mariscos

"Los griegos y los romanos —nos cuenta Jean Anthelme Brillat Savarin— aunque menos avanzados que nosotros en el arte de sazonarlos no por ello les prestaban menos atención, y su delicadeza llegaba hasta poder adivinar por el gusto las aguas en que habían sido pescados".[56]

Verídica y sin duda encantadora, esta hazaña del paladar de nuestros abuelos mediterráneos se nos presenta hoy, en nuestro país, prácticamente inalcanzable. En primer lugar, por la gran variedad de

---

[55] Francisco J. Santamaría. *opus cit.*, p. 335.

[56] Jean-Anthelme Brillat Savarin, *Fisiología del gusto*, p. 81.

especies que pueblan las aguas de nuestros enormes litorales, a las que se suman ríos, lagos y lagunas. Después, porque en México la actividad pesquera no es suficiente como para explotar esa gran riqueza alimenticia y distribuirla en todos los mercados, por lo que excepto en las costas, en general se consume poco pescado: "[...] habría que destacar la gama de especies que usan los pescadores en su alimentación considerablemente mayor a las no más de diez que cada habitante de la ciudad sería capaz de enumerar".[57]

A pesar de ello, esta proeza casi mítica queda como un estímulo para que se cree un estilo de degustación inspirado en esa especialidad practicada por los antiguos griegos y romanos. Sobre todo, porque lo que ahora se ofrece como obstáculo, puede transformarse en un reto debido a la gran riqueza de pescados y mariscos y a los innumerables modos de prepararlos que existen en nuestro país.

Tampoco es preciso empezar de la nada. *El Diccionario del hogar*, publicado en 1904, contiene un esbozo de clasificación de las calidades de las distintas especies acuáticas, que podemos aprovechar:

> Hay pescado de mar y de agua dulce y este último se subdivide en pescado de lago, de ciénega o de estanque y en pescado de río. El de estanque o lago es por lo común dañoso porque vive en agua cenagosa o que no tiene corriente. El de río es muy sano, con tal de que el río tenga un curso rápido, siendo de menos clase el que se pesca en los que corren lentamente, pues aunque en estos se suelen coger pescados que se aprecian por su gordura, que los hace de buen gusto, es necesario advertir que por esa cualidad son menos sanos, porque todas las grasas son indigestas y entre ellas la más contraria al estómago es la del pescado. Es menos bueno el de los ríos inmediatos a las grandes ciudades, a causa de que se nutre con las inmundicias que desaguan en ellos.
>
> El pescado de mar es el mejor de todos, porque la sal marina corrige su humedad; es preferible el pedreguero o que se mantiene en los lugares llenos de rocas; tiene el segundo rango el que habita

[57] Luis María Gatti, "El recetario del pescador o algo más que pura proteína", en *Recetario del pescador y otras recetas populares*, p. 8. La mayor parte de los datos que nos sirvieron para elaborar este texto fueron tomados de este *Recetario*.

en el fondo del mar y los de última clase son con razón los que viven en las orillas o riberas. Hay pescados de mar que suben a los ríos y se nota que cuando han habitado en agua dulce por algún tiempo, son más agradables al gusto; pero no está decidido que sean más sanos.[58]

Armados ya con este código fundamental, podemos enfrentarnos a las variedades extraídas de nuestras aguas y empezar a distinguir el gusto de un pescado cuya procedencia es el Golfo o el Pacífico, el Caribe de la península de Yucatán o el Mar de Cortés de la otra península, la de Baja California. O la laguna de Tamiahua, el lago de Pátzcuaro o el de Avándaro. O bien las corrientes del Grijalva o del Usumacinta.

Mucho nos servirá conocer y probar *in situ* las especies originarias que los pescadores de cada región capturan. Acercarnos, por ejemplo, a las comunidades de la costa pacífica de Baja California y deslumbrarnos con su dieta de langosta la mitad del año y de abulón la otra mitad. Saborear una langosta *thermidor* –vestigio de la presencia de los concesionarios franceses en las minas de cobre de Santa Rosalía– nacionalizada por las mujeres de los pescadores a base de chiles verdes; o bien en "pastashuta", mexicanización de la *pastasciuta* italiana, bien en machaca, en empanadas, si nos aventuramos hasta la isla de Cedros. Y allí mismo, en temporada, ver a los buzos preparar el camaleón de abulón para comerlo mientras lo trabajan en las pangas. Y disfrutar en la isla, en el Sauzal o en Muleguê el atún entomatado, en burritas, ensalada, tamalitos. Y así, tambien, un jurel relleno, una cabrilla estofada. O acudir a la costa del Caribe, en la península opuesta y pedir en el pueblo pesquero de Xcalak, Quintana Roo, también una langosta, pero aquí en sancochado o en arroz, y antes, un ceviche de caracol. Asistir también a la elaboración del *tikinxic* por los pescadores de Holbox, Quintana Roo, y aprender el secreto de su receta: el mero o el pargo limpio por dentro y con escamas por la parte exterior, se asa a la parrilla y se adoba con una salsa de achiote –imprescindible en la región maya–, jitomate, chiles dulces y *katic*. Y en Crisanto, Yucatán, seleccionar alguna de las especialidades del pulpo: en escabeche, en su tinta, así como molido en tostaditas.

---

58 Ireneo Paz (ed.), *opus cit.*, pp. 1079-1080.

Y si ya somos expertos, diferenciar el abulón de Baja California del de Chiapas, extraído del Golfo de Tehuantepec, y presenciar su preparación desde que lo despulpan y sacan de su concha hasta que nos lo sirven en puchero caldosito con achiote y tortillas de comixtal, después de haber saboreado una botana de casco de mula. También en Tonalá, Chiapas, buscar quien sea diestro en limpiar el macabil, pues a este pescado hay que saber quitarle las numerosas espinas antes de hacerlo en tortitas. Asimismo, saber que Campeche es un sitio excelente para solicitar un esmedregal empanizado, una cherna en jugo o un pargo en macún, todos bien adobados con orégano y cominos; y desde luego, el pan de cazón en tortillas gorditas untadas de frijol.

En Tabasco, si tenemos suerte de ser invitados a alguna gran celebración familiar, una boda por ejemplo, sentarnos sin ninguna prisa a gozar de uno de los platillos más delicados de la región, el pejelagarto regio: la misma concha del pescado rellena con su blanca carne ya preparada con flor de calabaza, elotes tiernos, chile dulce, epazote y queso. Y enterarnos por boca de algún lugareño a propósito del pez, que en el año 72 del siglo XIX, hubo una guerra intestina entre los partidos Progresista y Radical. Guerra que en el lugar se recuerda como la de pejelagartos, debido a que el gobernador Victoriano V. Dueñas, miembro del partido Progresista, era conocido por ese mote, el cual se extendió a todos sus correligionarios. O, en su defecto, regalarnos con platos tan sofisticados como un chirmol de cangrejos azules (también inmiscuidos en política, pues por el andar retrógrado del crustáceo, los liberales del XIX lo usaban como apodo para identificar a los conservadores), cocidos al vapor en hojas de plátano; y antes de que se impusiera la actual veda para cazar a los quelonios, haber celebrado las tradiciones con una tortuga en sangre espesada con plátanos verdes o en verde con hojas de chipilín, de chaya, de perejil y chile dulce. Y como los platos suntuosos han sido tradicionales en la zona, habernos trasladado a Oaxaca para saborear también una tortuga, pero ésta capturada en aguas del Pacífico, en Puerto Ángel, y preparada para alguna ocasión especial, en mole negro con sus chiles chilhuacle, ancho y pasilla que solían darle el color, o simplemente en bistec, aunque bien sazonada con sus especias y yerbas de olor.

Todavía en Oaxaca, ponernos a esperar a orillas de la laguna Inferior, a algún grupo de pescadores huaves para disfrutar, si tenemos suerte de ser admitidos, la blanca carne de una lisa asada a la sal y escuchar maravillados la explicación de sus técnicas de pesca; la ejecución oportuna y eficaz de los pasos de danza sobre el fondo de la barcaza que hacen que los peces del banco localizado por los pescadores empiecen a saltar y caigan en la lancha para ser atrapados con las manos. Uno de los pescadores, "el del pie musical",[59] es el que danza rítmicamente, mientras otros dos o tres atrapan a los peces. Y aprovechando el istmo de Tehuantepec, cruzar del Pacífico al Golfo de México para llegar a Veracruz, reino de los huachinangos -en caldo o a la veracruzana, ya proverbiales- de los camarones -en arroz a la tumeada, ricamente condimentado con clavo, pimienta, laurel, hierbabuena, orégano, cilantro, ajo, cebolla, jitomate, chiles verdes, o en moste- de las jaibas -en chilpachole, naturalmente- de la hueva de pescado -en torta o en jitomate-. Y la manjúa, ya sea en jitomate o en blanco con hojas de aguacate para tacos: son alevines de pescado equivalentes a las angulas españolas; nacidos en los ríos y esteros de Veracruz, hay que ser conocedores para solicitarlos en los lugares adecuados.

Volver a la otra costa, a Manzanillo, Colima, para acompañar a los pescadores de camarón de la laguna de Cuyutlán, quienes preparan un caldo con su buena ración de camarones, verduras y chile pasilla seco mientras esperan la "suba" de agua salada y camarón. Probar asimismo una tilapia en sus varias recetas regionales: en caldillo ranchero, rellena, asada en hojas de plátano, tipo birria.

Bajar a las costas de Michoacán, a Lázaro Cárdenas, Playa Azul o Caleta de Campos, a Pátzcuaro y paladear el sabor natural de un barrilete, una sierra, un jurel, un blanco o un sábalo, ya que en la zona se prescinde de los condimentos y los pescados únicamente se asan a la talla, se fríen o se secan con sal y se acompañan de una ensalada de jitomate, cebolla y chiles verdes.

---

[59] José Luis Krafft, "El niño de sal", en *Chispa*, núm. 61, pp. 30-31.

Y para completar nuestra experiencia gastronómica de la enorme variedad de platos que se preparan en México y aspirar a convertirnos en conocedores, no hay que olvidar el ceviche acapulqueño, las jaibas de Tampico –como nos las ofrezcan–, la mantarraya gavilán de Topolobampo, Sinaloa; el caldo miche de San Blas, Nayarit; los camarones a la diabla de Barra de Navidad, Jalisco. Así como degustar también los nacionalísimos platillos de fiesta: los romeritos con tortas de camarón y el bacalao a la vizcaína, aunque el pescado y el nombre sean importados.

Y para terminar, conviene regocijarnos nuevamente con Brillat Savarin y adherirnos a su manifiesto: "Por lo que a mí respecta, tengo para ellos un sentimiento que se acerca al respeto y que nace de la persuasión íntima que son criaturas antediluvianas, porque el gran cataclismo que sufrieron nuestros antepasados hacia el siglo diez y ocho de la creación del mundo fue para los peces una época de gozo, de conquista y de festividad".[60]

De la carne

El dato más lejano que la Antropología registra con relación a los hábitos carnívoros del ser humano se remonta al *Australopitecus* ágil, que rompió con la práctica vegetariana del primate. El *Homo erectus*, el hombre de Neanderthal y el *Homo Sapiens* fueron omnívoros por herencia de su antepasado; comían alguna carne de animales pequeños primero, y de mayor tamaño después.

Este cambio de costumbres alimenticias representó un gran avance en la evolución humana, pues al contener la carne una proteína más concentrada que la de la planta, disminuyó en dos tercios el volumen y la duración de las ingestiones de alimento. Debido a ello, el hombre dispuso de más tiempo libre para dedicarse a otras actividades. Aprendió a organizarse para cercar y obtener piezas de caza mayor. Empezó entonces su gradual dispersión por la superficie del planeta.

---

[60] Jean-Anthelme Brillat Savarin, *opus cit.*, p. 86.

"Durante al menos un millón de años, el hombre ha vivido en determinada manera reconocible como forrajeador y cazador" –asegura Bronowski–.[61] Sin embargo, sólo hasta época más cercana, hace catorce mil años aproximadamente, encontramos algún registro de la actividad cazadora del ser humano, en las pinturas rupestres de las cuevas de Altamira, en España, y de Lascaux, en el sur de Francia. Constituyen un testimonio del conocimiento que el cazador tenía de los animales que le proporcionaban su manutención.

La práctica de este cazador era la de incorporarse a un hato errante. Diez mil años después, el ser humano había empezado a domesticar ciertos animales y a cultivar algunas plantas. Ambas actividades le permitieron dominar el medio biológico y, al obligarlo a establecerse en un sitio fijo, modificaron su organización social. Los primeros animales comestibles que domesticó fueron las ovejas y las cabras; posteriormente, los animales de tiro, gracias a cuyo trabajo con el arado se revolucionó la agricultura.

Las técnicas de transformación de la carne cruda en alimento tuvieron que ser muy rudimentarias en un principio: su aplicación directa a un fuego suave con el fin de hacerla digerible y evitar que se carbonizara y más tarde la cocción, que impedía la deshidratación de la carne y por tanto, la pérdida de alimento, y permitía, además, la mezcla de condimentos y otros productos de origen vegetal, con lo que surge en ciernes el cocido, que aún hoy disfrutamos.

Los tipos de carne y el tratamiento culinario que ser humano les ha aplicado, han variado a lo largo del tiempo. Así, en la Atenas del siglo V a. C., en una comedia de Aristófanes, encontramos la siguiente indicación en boca de uno de los personajes: "Niños, mujeres, ¿no habéis escuchado? ¿Qué estáis haciendo...? Poned a cocer, asad en su punto, voltead, retirad la liebre, pronto".[62] Esto significa que la carne se cocía antes de asarse, procedimiento en el cual se beneficiaba el caldo, pero no la carne que se asaría más tarde, pues se perdían sus jugos en el agua. En su poema culinario, Arquestrato, contemporáneo

[61] Jacob Bronowski, *El ascenso del hombre*, p. 18.

[62] Citado en Jean-François Revel, *Un festin en paroles*, p. 37.

de Aristóteles, explica que muchos pueblos experimentan repulsión por la carne sangrante, prejuicio que combate aconsejando asar directamente la liebre y retirarla de la parrilla todavía con sangre.

A lo largo de los siglos, varios autores se han ocupado de los dos métodos fundamentales para tratar la carne: la cocción y el asado. En el *Banquete de los sofistas*, obra del siglo III y suma de un vasto caudal de usos y costumbres griegos, su autor, Ateneo, opina que el asado es un procedimiento bárbaro y califica a Homero de primitivo, pues en los sacrificios de bueyes reseñados en su obra, no se preparaba ninguna salsa ni se cocía la carne, sino que se asaba con todo y tripas.

La polémica alrededor de los beneficios de uno y otro método ha subsistido a lo largo de la historia y ha llegado hasta nosotros. Salvador Novo registra un diálogo del siglo XIX recogido en la Alameda capitalina por Carlos María Bustamante, Doña Margarita rechaza una invitación a comer de una *milady* inglesa con las siguientes palabras: "Lo agradezco, señora; pero en ese caso me sentaría a acompañar a ustedes en la mesa; a la verdad no tengo dientes ni digestión bastante para usar los alimentos de ustedes a medio cocer". (Seguramente se refería al *roastbeef* a la inglesa). "No sé cómo hay mexicanas que pueden acomodarse con ellos".[63] Sus dientes y su digestión no le impedían "echarse encima" un pipián y un buen vaso de pulque de arroz. Es famosa la frase de José Vasconcelos: "Donde empieza la carne asada, termina la civilización". En cambio, José Fuentes Mares aconseja al lector asar la carne sobre brasas de encinos:

> Sellada la superficie por la hemoglobina cristalizada, la carne conserva su jugo siempre y cuando su cocción sea sólo superficial. Si usted se descuida, y la carne se cuece, déla al gato y sea más cauto en el siguiente ensayo. Y si el gato no la quiere –pues su fino paladar rechazará la carne bien cocida–, seguramente el perro la comerá sin mayores reparos. No le cometo la ofensa de suponer que sea *usted* quien gusta de la carne bien cocida, mas de ser ése

[63] Citado en Salvador Novo, *Cocina mexicana o Historia gastronómica de la ciudad de México*, p. 104.

el caso sugiero que la coma de asno o de caballo, pues en esas condiciones tendrá el mismo sabor que la de novillo Herford, y le resultará más barata.[64]

Roland Barthes resalta su valor mitológico:

> El bistec participa de la misma mitología sanguínea que el vino. Es el corazón de la carne, la carne en estado puro, y quien lo ingiere asimila la fuerza taurina. Es evidente que el prestigio del bistec se vincula con su cuasicrudez: en él la sangre es visible, natural, compacta y cortable; uno puede imaginar perfectamente la ambrosía antigua en esa especie de materia pesada que se achica bajo el diente de tal manera que permite sentir al mismo tiempo su fuerza de origen y su plasticidad para expandirse por la sangre del hombre. La razón de ser del bistec es lo sanguíneo: los grados de su cocción no se expresan en unidades calóricas, sino en imágenes de sangre; el bistec es *saignant* (que recuerda el flujo arterial del animal degollado) o *bleu* (la sangre pesada, la sangre pletórica de las venas que sugiere el violáceo, estado superlativo del rojo). La cocción, inclusive moderada, no puede expresarse francamente; para ese estado contra natura hace falta un eufemismo: se dice que está a punto, pero en realidad se da más como un límite que como una perfección.[65]

En relación con las preferencias por determinados tipos de carne, la liebre y el cerdo fueron especialmente apreciados en la antigüedad. En el apogeo del imperio romano, Marcial escribía: "Si el tordo tiene el primer rango entre las aves, la liebre lo tiene entre los cuadrúpedos".[66] Los romanos se dedicaron a criar para su consumo, en bosques cercados, liebres junto con cabritos y ciervos. Algunas aves exóticas, consideradas hoy incomibles, formaban parte de los platos deslumbrantes que se servían en los banquetes romanos. Horacio, contrario a la cocina suntuosa, aconsejaba la elección del pollo sobre el pavo real:

---

[64] José Fuentes Mares, *Nueva guía de descarriados*, p. 82.

[65] Roland Barthes, "El bistec y las papas fritas", en *Mitologías*. p. 79.

[66] Cfr. Jean-François Revel, *opus cit.*, p. 40.

> [...] estás seducido por puras vanidades, al ver que se paga a precio de oro este raro pájaro, que despliega el espectáculo de una cola abigarrada, como si eso fuera lo importante. ¿Te comes el plumaje que ensalzas? ¿Cocido, el animal conserva su galanura? Por tanto, ya que su carne no tiene ninguna superioridad sobre la del pollo, deseo que, engañado por una diferencia exterior, tú la busques de nuevo [...][67]

En el más antiguo recetario que conocemos, *De re coquinaria* de Apicio, redactado -se calcula- entre los siglos I y III, las carnes más utilizadas son las del lechón, el carnero y el cordero. La de bovino no era considerada de buena calidad. En cuanto a las aves, mostraban un gran gusto por las de volatería como tordos y perdices y otras que se han dejado de consumir como avestruces, flamencos, loros, grullas. Desde luego figuraban en el menú las aves de corral como pollo, pato, capón, gallina de Guinea. En algunas recetas, las aves se cocían con todo y plumas, ya después eran desplumadas. Los platos de carne, tanto de aves como de cuadrúpedos, en su mayoría se bañaban con salsas que contenían una gran cantidad de especias.

Los antiguos eran expertos en confeccionar picadillos, albóndigas, rollos, croquetas, galantinas, purés. La razón de su preferencia por los alimentos cortados en pedacitos se debe a la posición recostada que usaban para comer, que les dificultaba el trinchado y el corte de grandes porciones de carne. Conocían asimismo el arte de la salchichonería, la preparación de jamones, lacones, embutidos, salchichas, morcillas.

Durante el imperio romano los banquetes se caracterizaron por su fastuosidad; el arte de recibir estaba ligado al de entretener y sorprender. Prototipo de estos festines es el ofrecido por Trimalcio, personaje del *Satiricón* de Petronio. En él se sirvió, entre otros platos deslumbrantes, un gran jabalí entero, flanqueado por dos canastillas llenas, una de dátiles de El Cairo y la otra, de Tebaida, y rodeado de pequeños jabatos de corteza de pan prendidos a sus mamas. A la hora de ser cortado el jabalí, salían unos tordos volando de su interior.

---

[67] Citado en *Idem*, p. 52.

Los principios culinarios no variaron mucho durante la Edad Media. Más bien, se perdieron algunos. Del horno, utilizado en la antigüedad, fue olvidado su uso hasta antes del siglo XIII. La carne se sostenía con espetones que daban vueltas sobre el fuego de enormes chimeneas, o bien, era cocida en el interior de marmitas que pendían sobre las llamas. Estos dos únicos procedimientos excluían los guisados y la carne en salsa, ya que los altos fuegos de las chimeneas no los permitían. En la Edad Media, al igual que en la antigüedad, las carnes se cocían antes de ser asadas. Asimismo, se abusaba de las especias y se consumían aves exóticas revestidas con sus plumajes: pavos reales, cigüeñas... Del mismo modo que en la antigüedad, en los banquetes de los señores, se procuraban el fasto y el deleite visual a partir de la presentación de grandes animales rostizados y servidos enteros sobre enormes platones de plata: bueyes, carneros, ciervos, jabalíes, gansos, perdices, gallos silvestres. Mientras que el plato de fiesta popular era la ropa vieja, mitad sopa, mitad guisado, en el que entraban carne picada, pollo, tocino, vino, especias, agraz y salsa camelina, clásica del Medievo.

Las costumbres suntuosas de la antigüedad y de la Edad Media, con su superposición de platos, principalmente de carne, tienen aún vigencia en el Renacimiento. En un banquete ofrecido en Roma a los Médicis, en 1513, los aparatosos platos de animales enteros, revestidos con sus plumas o sus pieles y rellenos con avecillas, en algunos casos vivas, se suceden unos a otros. Los procedimientos de preparación siguen siendo los mismos: cocción y asado. Tanto en la Edad Media como en el Renacimiento existía el hábito de fumigar con aromas las habitaciones de los banquetes. Con esta práctica se combatían los malos olores que las carnes de los animales revestidos despedían debido a la incipiente descomposición provocada por el largo tiempo de elaboración que estos platos decorativos reclamaban[68].

Los banquetes que Hernán Cortés y el primer virrey de Nueva España ofrecieron en México en 1538 estaban elaborados a partir de esta misma concepción, la presentación sucesiva de platos de carne.

---

[68] Los datos relativos a la antigüedad, la Edad Media y el Renacimiento fueron tomados de Jean-François Revel, *opus cit.*

Cabritos, perniles de tocino asado, pasteles de codornices y palomas, gallos de papada y gallinas rellenas, pollos y perdices de la tierra, codornices en escabeche, empanadas de todo género de aves y caza o de pescado, carnero cocido, vaca y puerco, gallinas de la tierra cocidas enteras con picos y pies plateados, anadones y ansarones enteros con los pies dorados; cabezas de puercos y venados y terneras enteras; empanadas muy grandes "y en algunas de ellas venían dos conejos vivos [...] y otras llena de codornices y palomas y otros pajaritos vivos [...] novillos asados enteros llenos de dentro de pollos y gallinas y codornices y palomas y tocino", según recuerda, puntual, Bernal Díaz.[69]

Por ironías del destino, parece que este aluvión de carnes vino a compensar la escasez de ellas en el Nuevo Mundo. Los animales domésticos que existían en México eran pocos: el guajolote, el conejo, perros de los cuales algunas especies eran comestibles, pericos y guacamayas que, de este lado del Atlántico no formaban parte de la dieta, además del venado, reservado para el consumo de los señores principales. Para subsanar esta penuria proteínica, los indígenas extraían de la laguna para su consumo: "el pez, el renacuajo, la rana, el camaroncillo, el *aneneztli* y el pato, el *cuachil...*", según la enumeración de Tezozómoc.[70] Además disfrutaban los todavía hoy codiciados gusanos de maguey. Moctezuma, más cercano a la dieta de los señores europeos que a la del pueblo mexicano, tenía oportunidad de escoger a diario, aunque en total soledad, manjares preparados con guajolotes, faisanes, perdices, cornejas, patos domésticos o salvajes, venado, jabalí, pichones, liebres, conejos.[71]

La introducción de todo tipo de animales domésticos acarreó algunos cambios en la vida de los indígenas: las bestias los relevaron de la carga que antes hacían ellos; los animales, aves y cuadrúpedos, fueron aceptados en diverso grado. Mientras que el puerco y sus derivados les fascinaron, de los bovinos no se aprovechaba "sino el cuero y el cebo, y la carne quedaba perdida en los campos donde la comen

---

69 Bernal Díaz del Castillo, *Historia verdadera de la Conquista de la Nueva España*, cap. CCI.

70 Citado en Eusebio Dávalos Hurtado, *Alimentos básicos en el México antiguo y moderno*, p. 23.

71 Cfr. Jacques Soustelle, *La vida cotidiana de los aztecas en vísperas de la Conquista*, p. 153.

perros bravos y grandes pájaros negros".[72] Muy temprano llegaron los puercos traídos de Cuba a Yucatán por Bernal Díaz, en 1517, "porque en aquella sazón no había en la isla [...] vacas ni carneros".[73] La importación de ganado vacuno en un principio fue obstaculizada por los ganaderos de las islas, quienes prohibían su venta bajo pena de muerte para conservar el monopolio. Al fin fue traído junto con los ovinos; así los españoles pudieron disfrutar de su carne y sus derivados. A tal punto arraigó el gusto por este producto que en 1840, en una de sus cartas, la marquesa Calderón de la Barca observaba:

> No existe en el mundo ningún país en donde se consuma tal cantidad de alimentos de procedencia animal, y no hay otro país en el mundo en donde menos se necesite que en éste. Los consumidores no son los indios, cuyos medios no se lo permiten, sino las mejores clases, que por lo general comen carne tres veces al día.[74]

Con el tiempo, la imaginación fue favoreciendo los esponsales de los productos nativos con los adquiridos y la carne empezó a formar parte del nuevo recetario mexicano. *Las muchas maneras de cazuelas hechas a su modo* de los indígenas *con chile bermejo y con tomates*, y otras con *pepitas de calabaza molidas que se llama este manjar pipián*, fueron incorporando las carnes de cerdo, de pollo, de res, y dando origen a numerosos guisados: a los moles de olla con espinazo de puerco y elotes, a los adobos y pipianes que bañan cerdos, lenguas, pollos, a los chicharrones en salsa verde, a los manchamanteles con su lomo de cerdo y sus frutas, a las tingas, tatemados, coachalas y clemoles, a los pozoles y las cochinitas pibil... *Si estas maneras de pan*, los tamales, *comían los señores con muchas maneras de gallinas asadas y cocidas*, aceptábanlos después rellenos de pollo, cerdo o res. *Si existían las tortillas blancas y calientes y dobladas*,[75]

---

72 Juan Suárez de Peralta, *La conjuración de Martín Cortés y otros temas*, citado en Sonia Corcuera, *Entre gula y templanza*, pp. 54-55.

73 Bernal Díaz del Castillo, *opus cit.*, Cap. I.

74 Marquesa Calderón de la Barca, *La vida en México*, t. l., pp. 104-105.

75 Las palabras en itálicas son expresiones arcaicas que han sido tomadas de fray Bernardino de Sahagún. *Historia general de las cosas de Nueva España*, libro VIII, cap. XIII.

¿por qué no introducirles un poco de esos nuevos guisados para crear los tacos? ¿Y freírlas en manteca y pellizcarlas y doblarlas y rellenarlas o cubrirlas con sus hebritas de carne y toda suerte de adornos para crear tostadas, enchiladas, picadas, chalupas, quesadillas, huaraches, panuchos, chilapitas...? Si tenemos el horno de tierra, ¿por qué no envolver una oveja en pencas de maguey y cocerla sobre las piedras calientes para crear la barbacoa?, ¿o bien, carne de cabrito sazonada con chiles secos y envuelta en membrana de hojas de maguey para confeccionar los mixotes?, platos que resultan una variante del venado al *pib*, el antiguo horno de tierra de los mayas.

A su vez, los procedimientos para conservar la carne, el salado y el secado, fueron aprendidos con el fin de elaborar cecinas naturales o enchiladas, en Puebla y Morelos, machacas en Hermosillo. El antiquísimo método del asado sobre fuego abierto con espetones se aplica con gran fortuna al cabrito, especialidad de Monterrey. Mientras que en Jalisco, éste se prepara en birria, macerado en vinagre, con salsa de tres chiles y un buen número de especias. En fin, cada región ha creado su especialidad: Culiacán, el chilorio; Guadalajara, la pancita; Veracruz, el mondongo; Campeche, el chocolomo; los fiambres de res, manitas de puerco y pollo, Guerrero –aunque también los hay potosinos–; los quesos rellenos con picadillo de res, el sureste; sábanas y agujas, el norte; carnes asadas bien guarnecidas, a la tampiqueña; los pollos de plaza estilo Morelia o cubiertos de masa al estilo de la Huasteca veracruzana...

Del pan

El pan es uno de los más antiguos productos elaborados. La necesidad de hacer digeribles los cereales, duros y secos, obligó al hombre a conquistar procesos más complejos de transformación, que van desde la recolección del grano y su trituración, hasta la preparación de la papilla o masa y la cocción. Seguramente, el recolector y cazador, al intentar aprovechar de una manera sistemática los cereales para alimentarse, se convirtió en agricultor sedentario, dueño de técnicas más complejas tanto de cultivo como de elaboración de los alimentos; entre ellos, el pan.

El desarrollo, sin embargo, fue lento. Investigaciones arqueológicas realizadas en el valle del Éufrates, posible origen del trigo ya cultivado desde hace unos diez mil años, nos informan que los seres humanos tostaban las semillas sobre cenizas o piedras calientes para hacerlas más digeribles y las ablandaban por medio de la masticación y más tarde, remojándolas en agua. Al principio se obtuvo una especie de galletas, llamadas *gacha*, elaboradas con una masa muy líquida cocida sobre piedras calientes, más adelante sobre un comal y mucho después, en horno.

Además de los procedimientos de cocción, el hombre perfeccionó las técnicas de molienda y descubrió la fermentación, cuya presencia hace que el pan resulte más ligero y suave. Lo que en un principio se logró accidentalmente por medio de microorganismos naturales, se obtuvo después con el uso de levaduras. Ello significó un gran avance, pues las levaduras actúan sobre el pan como un proceso de predigestión. Parece que fueron los hebreos quienes fabricaron los primeros panes con levadura y los egipcios quienes empezaron a darle a este alimento todo tipo de formas.

Por la importancia que el pan adquirió como principal sustento, estos pueblos pronto lo convirtieron en objeto ceremonial. Los egipcios lo colocaban en las tumbas para facilitar el tránsito del difunto a la otra vida y los hebreos le otorgaron carácter litúrgico al consumir el pan ácimo, sin levadura, durante las celebraciones de Pascua.

Según los griegos, Demeter, la diosa madre, protectora de la agricultura y los cereales, es quien amasa el primer pan para los dioses del Olimpo y más tarde, transmite sus conocimientos a los habitantes de la Arcadia. Entre los griegos, las técnicas de elaboración del pan –molienda, tamizado y horneado– se hacen más refinadas y sobre todo, la práctica de mezclarle toda clase de granos, hierbas aromáticas, aceites y frutas, constituye una de sus aportaciones a la gastronomía. Fueron excelentes panaderos, creadores de más de setenta tipos de panes, todos los cuales adoptaban formas múltiples.

Durante el imperio romano, la mayor parte de los panaderos eran griegos. Por influencia de este pueblo y de los egipcios, los romanos aprendieron el arte de hacer pan, arte que alcanzó enorme importancia, como lo prueban los restos de panaderías con hornos, molinos y expendios, hallados bajo las cenizas del Vesubio, en Pompeya. Al expandirse el imperio romano por Europa, se propagó el consumo de pan, excepto en la península Ibérica, cuyos pobladores ya lo elaboraban desde antes de su conquista por parte de Roma. En la Edad Media, el pan de trigo se fabricaba y consumía en monasterios y castillos feudales. Los siervos se alimentaban de pan de avena y de centeno, amasado y horneado en los hogares familiares; las panaderías prácticamente se extinguieron.

Por su presencia continua y el lugar preponderante que ocupa en la alimentación, el pan es considerado uno de los pilares de la cultura culinaria occidental. "El trigo ha sido durante cuarenta siglos —según consideración de Jean-François Revel— el principal sustento de la existencia humana, en una zona que comprende el Cercano y Medio Oriente, África del Norte, de Egipto a Marruecos, y toda Europa".[76] En el resto del mundo, la primacía la han tenido el arroz en el Lejano Oriente y el maíz en América. Así que, cuando el trigo empezó a cultivarse en la Nueva España, rivalizó con el maíz, lo mismo que su producto, el pan, compitió con la tortilla.

Quizá las diferentes versiones en relación con los primeros cultivos en suelo mexicano sean todas verdaderas. Refieren las iniciativas de los inmigrantes para obtener lo antes posible el grano, sustento de su alimentación. Se cuenta que en 1520, un negro esclavo de Cortés encontró tres granos de trigo dentro de un costal; de ellos cosechó 186 nuevos granos. Otra anécdota relata que fueron soldados del ejército español quienes sembraron las primeras semillas del cereal. Según el historiador Fernández del Castillo, "[...] ya para 1523, la sagrada tierra mexicana se cubre con hermosos campos candeales" [...],[77] con cuyo producto se confeccionaron los primeros panes mexicanos. Sin embargo, en 1525 Cortés solicitó a la Corona de España el envío de trigo, entre otros productos necesarios, seguramente para satisfacer la demanda que no cubrían aún las cosechas nativas.

---

76 Jean-François Revel, *opus cit*, p. 80

77 Citado en *La cosa está del cocol y otros panes mexicanos*, p. 38.

El nuevo cultivo benefició fundamentalmente a los españoles; los indígenas, por sobrados motivos, presentaron resistencia no sólo al cereal, sino a su producto. Suárez de Peralta relata que "A los indios pobres que andan a pedir [...] pan no lo solían recibir ni por imaginación, no digo mendrugo, sino pan de más de libra y media, sino los volvían a la cara. Yo lo vi en mi casa hacer a un pobre, volver el pan y decir que dinero pedía él, que no pan".[78]

A pesar de su ancestral preferencia por el maíz, los indígenas se vieron obligados a trabajar en las tierras de otorgamiento concedidas por el virrey a los españoles. O bien, fueron despojados de los terrenos de su propiedad u obligados a cambiar el cultivo de maíz y frijol por el de trigo. No obstante, a finales del siglo XVI, los indígenas no sólo dominaban las nuevas técnicas de labranza, sino que habían aprendido a fabricar pan y a construir molinos. La suerte de los panaderos indígenas no fue mejor. Recibían un salario ínfimo y tenían la obligación de vender todo el pan que producían. El que no vendían lo adeudaban al dueño del establecimiento, situación que los ataba definitivamente a sus amos.

En el último tercio del siglo XVI se producían ya en la Nueva España dos tipos de panes según su calidad, el pan bazo, hecho con harina de moyuelo y salvado y el pan floreado, hecho con harina más fina y blanca. La fabricación de un pan más ordinario y barato indica la progresiva aceptación que el producto fue teniendo en la Nueva España. Aunque nunca ha desplazado a la tortilla, es sin embargo, desde finales del siglo XVIII, parte integrante de la alimentación del pueblo mestizo y no solamente como en sus orígenes, de españoles y criollos. Ha sido, además, motivo de fecunda expresión cultural del mexicano, quien ha creado tipos, formas, nombres y sabores con los cuales ha enriquecido la aportación española inicial. Nuevos elementos como "pulque, anís y aguamiel, granillo y ajonjolí, coco y canela, cacahuate, chocolate, piloncillo y acitrón adornaron y dieron sabor y aroma a los panes mexicanos".[79] Y la plasticidad del material favoreció el juego "de quienes prolongaban la morosidad deliberada del trabajo libre,

[78] Citado en Sonia Corcuera, *opus cit.*, p. 69.

[79] *Idem*, p. 75.

los instantes excepcionales de autonomía en el color y la forma, lejos de ese mundo exterior de látigos y herrojos y viruelas",[80] creando una estética nueva al moldear ya fuera la argamasa para la decoración de los templos o la pasta para la elaboración de los panes.

La enorme variedad de la panadería mexicana resulta de la combinación de algún tipo de masa -apastelada o paloteada, *feite*, de bizcocho, de royal o de panqué, preparadas con diversos ingredientes y trabajadas de distintas maneras-,[81] con cierto relleno o decorado -*fondant*, pasta de conde, de concha, brillo, mermelada o crema pastelera-,[82] así como de la fantasía que produce múltiples formas que pueden semejar almejas, brazos, camarones, catarinas, cochinitos, corbatas, espejos, banderillas, limas, ladrillos, nopales, orejas, calamares, caracoles, conchas, rehiletes, pechugas... o de la picardía que ríe inventando calvos, cacarizos, calzones, costras, borrachos, chamacos, chorreadas, gendarmes, gordas, maridos, huesos, pachuchos, mordidas, ojos de pancha... o de la inspiración amorosa del panadero que recuerda a Adelaida, los besos, a Camelia, los corazones, las chulas, las nenas y las novias, los cuernos, las Lolas, Lupes, Magdalenas, Margaritas, Marías y las monjas... o de la fidelidad al oficio que adopta, reduciendo la metáfora, nombres de la misma panadería o repostería internacionales: barquillos, bísquetes, bizcochos, briochas, buñuelos, cemas, cocadas, cocoles, choux, donas, empanadas, galletas, hojaldras, jericayas, merengues, panqués... "En el decir el pan (ponerle nombre) —dice Guillermo Bonfil Batalla— se expresa el grado hasta el cual el pueblo de México se apropió del pan, lo hizo suyo, lo asimiló como parte de la cultura popular: cientos de nombres sólo en la ciudad de México, hoy".[83]

Una buena selección de estos panes se convierte en el centro de tentaciones y disputas en la mesa familiar, a la hora de la merienda; si no de diario, por lo menos de algún domingo o en ocasión de un festejo.

---

80 Carlos Fuentes, *La muerte de Artemio Cruz*, p. 36.

81 Cfr. Sonia Iglesias y Cabrera, *El pan popular*, pp. 17-18.

82 *Idem*, pp. 19-20.

83 Guillermo Bonfil Batalla, "En nombre del pan", presentación de Sonia Iglesias. *Los nombres del pan en la Ciudad de México*, p. 3.

Hace algunos años, ir al pan abría a las jóvenes la posibilidad de burlar la vigilancia de madres, hermanos o patrones estrictos y tener la oportunidad de encontrarse con las amigas, vagar morosamente por las calles, buscar un piropo o, claro, echar novio.

"A falta de pan buenas son cemitas", "¿Por qué con tamal me pagas, teniendo bizcochería?", "Si eso dice mamón blando, ¿qué dirá bizcocho duro?", "Usted no será de harina, pero huele a bizcocho", "Ay cocol, ¿ya no te acuerdas de cuando eras chimisclán?" son algunos de los dichos en que se revelan las jerarquías que las distintas clases de pan ocupan en la mente popular. Además del pan dulce o bizcocho, existe el pan salado: tipo español, de figura o de agua y el pan tipo francés.[84] Entre éstos se encuentran el tronador bolillo, acompañante cotidiano de las comidas, y la telera, la que abierta por la mitad, recibe toda clase de productos untuosos y de rellenos, barroca combinación que da como resultado la mexicanísima torta, la cual, en el cumplimiento de su vocación callejera, viaja a diario en mochilas de escolares o loncheras de empleados, o bien se expende y consume en los puestos donde se confecciona a pedido del cliente. Por su variada combinación, constituye en sí misma un alimento completo.

El pan participa también en nuestras celebraciones. En el culto católico, sustituyó a tortillas y tamales, que eran los elementos ceremoniales prehispánicos. Existen panes sumamente elaborados que se utilizan como regalos de bautizo, en el estado de Puebla; o de petición de mano, en Michoacán. Inolvidables son los bizcochos que las monjitas preparan para las primeras comuniones, así como irremplazables los vistosos pasteles de uno, dos o más pisos para bodas o quince años. La aparición en las panaderías del pan de muerto, las roscas de reyes, las empanadas de vigilia, o en los puestos de la calle, durante las fiestas patronales, de los "panes de hule" con dedicatoria "para mi novia", "para mi suegra", "para mi vieja", "para mi mamacita" y de los buñuelos ahogados en miel, introduce en la vida del mexicano los cambios que rompen la rutina del pan nuestro de cada día.

[84] Los nombres de los panes y sus clasificaciones han sido tomados de Sonia Iglesias, *Los nombres del pan en la ciudad de México*.

De los quesos

El queso es una de las más significativas aportaciones europeas a la gastronomía mexicana. Los indígenas no contaban con la leche, materia prima para fabricarlo, pues carecían de mamíferos domésticos. Cuando los conquistadores se extendieron por el territorio de la naciente Nueva España ejerciendo el privilegio que les otorgó la Corona de explotar la tierra y establecieron las primeras haciendas ganaderas, la manufactura de queso en Europa y en Oriente alcanzaba ya una historia milenaria.[85]

El queso ha sido fruto de pueblos criadores de ganado. Por eso, dos leyendas griegas asocian su origen con ninfas y pastores. Amaltea, ninfa en forma de cabra, fue nodriza de Zeus, a quien alimentó con miel y con su propia leche que, coagulada, se volvió queso. Y Aristeo, el pastor hijo de Apolo y la ninfa Cirene, aprendió del centauro Quirón el arte de hacer queso. Asentado en la Arcadia fue también criador de abejas y más tarde, en Sicilia, enseñó el cultivo del olivo. Vemos reunidos en las labores atribuidas al pastor Aristeo queso, miel y olivo, tres productos característicos de la dieta mediterránea y que muchas veces se hermanan en la mesa. Un poema popular griego, la *Canción de la golondrina*, del siglo VI a. C., mencionaba el queso junto con el vino y el pan:

> Tarta de fruta tú saca
> de tu casa tan rica,
> y un vasillo de vino
> y un cestillo de queso.
> Tampoco el pan de trigo
> y el de yema de huevo
> la golondrina rechaza.[86]

---

[85] Los principales datos en relación con la historia del queso han sido tomados de Bruno Battistotti *et al*, "El queso a través de los siglos", en *Quesos del mundo*, pp. 9-20.

[86] *Antología de la poesía lírica griega. Siglos VII-IV a.* C., selección, prólogo y notas de Carlos García Gual, p. 133.

La asociación del pan, el queso y el vino es muy antigua en Occidente. En los banquetes, los griegos ofrecían quesos al final de la comida "para reavivar la sed y realzar el sabor del vino".[87]

En las más antiguas literaturas orientales se encuentran indicios de la existencia del queso entre los pueblos de la India, entre los israelitas, los árabes, los mesopotamios y los sumerios. El hecho histórico se explica a partir de la domesticación de los animales; el hombre mejoró sus condiciones de vida y aprendió, entre otras cosas, a aprovechar la leche de ovejas y cabras. Quizá por casualidad, el trascendente descubrimiento se hizo al dejar leche al aire libre y el líquido, por acción de los gérmenes, se coaguló y se fermentó.

Según testimonio de Heródoto e Hipócrates, los escitas trabajaban la leche en odres de piel o en cestas de madera trenzada hasta que la parte más ligera se separaba y subía a la superficie. Por la mención que hace de ellos Heródoto como "ordeña-yeguas" (*ippomolgoi*), se deduce que utilizaban la leche equina. Entre los griegos, la elaboración de los quesos se hacía con la leche de ovejas y cabras y no de vaca porque la de ésta se dejaba para la alimentación de las crías. Cuajaban la leche animal con leche de higos recién cortados, con flores y simientes de cardo o con cuajo. El queso más común que producían era blanco y fresco, y solían aromatizarlo con hierbas y condimentos. Sin embargo, disponían de una variedad más amplia. En la literatura griega abundan las referencias al consumo del queso y su elaboración; según Homero, lo fabrica Polifemo. Platón, Aristóteles, Jenofonte, Antífano, Hipócrates, se ocupan de él cada uno desde sus intereses particulares.

Los pueblos del Lacio también conocieron los métodos de producción del queso y en la literatura latina aparecen tratados más completos y precisos que en la griega. Marco Terencio Varrón (116-27 a. C.) dedica al producto un capítulo entero de su obra *De re rustica* y Columella (s. I d. C.), en un libro con el mismo título, se detiene a describir con mucha amplitud los modos de manipular la leche y las condiciones óptimas de elaboración del queso. Por Plinio el Viejo (23-79 d. C.) nos enteramos de que en la Roma imperial se consumían trece variedades distintas.

[87] William Stobbs, *Guide to cheeses of France*, p. 7.

Catón y Apicio recogen su uso en la cocina y describen recetas que lo contienen. La realidad es que los romanos de todos los niveles, del soldado raso al emperador, ingerían queso en su dieta diaria. A los emperadores les llevaban *roquefort* y *cantal* de las Galias y para el pueblo la fuente proteínica cotidiana era el queso, que comían tres veces al día.

Del latín derivan las voces que se utilizan tanto en el español como en el italiano y el francés: *caseus* da origen al vocablo queso y de *formaticum*, queso metido en forma (en el canasto de junco al cual escurre la cuajada), proceden *formaggio* y *fromage*. En la Edad Media, cuando se usaba el queso como tributo, se le denominaba *caseus* si estaba calculado por el peso y *formaticum* si era considerado por su número.

La zona principal de la fabricación latina en la Edad Media se ubica en los Alpes Réticos. Los habitantes de la región se dedicaron a la crianza del ganado pardoalpino y al comercio de queso, animales, cera, resina y miel, a cambio del forraje que crecía en las llanuras a lo largo de Po.

Durante la Edad Media, los monjes de los monasterios de esa región se esforzaron en incrementar la producción de leche y de sus derivados, lo cual fue posible por la mejoría agrícola debida a la construcción de obras hidráulicas para riego. Estos factores provocaron que el valle de Panada en la baja Lombardía se convirtiera, en el año 1200, en el principal mercado de queso en Europa y que los quesos de Lodi, Piacensa y Parma, el *gorgonzola*, el *parmesano* y el *marcolino*, fueran muy solicitados.

Francia e Inglaterra habían alcanzado también un notable desarrollo. El *brie* era ya estimado fuera del lugar de producción y el *cheddar* había nacido en el condado de Somerset. Holanda ya comerciaba con sus quesos y Suiza producía asimismo, en el cantón de Friburgo, su famoso *gruyère*.

Los grandes quesos consistentes y durables como el *cantal* y el *gruyère* se podían transportar sin riesgo de una fácil descomposición. Las guías medievales para visitar los lugares santos recomendaban a los peregrinos que llevaran queso en sus alforjas. Pero los frescos, frágiles y perecederos, se vendían y consumían en su lugar de origen. En los siglos XVI y XVII, cuando Europa inició las grandes navegaciones y la conquista de lejanas tierras, el transporte y el almacenaje se convirtieron en asunto de mayor importancia. Para mejor preservar los quesos se desarrollaron técnicas de sellado con cera y más eficientes métodos de prensado con el fin de deshidratarlos mejor. En 1477, en vísperas del descubrimiento de América, apareció la *Suma Lacticinorum* de Pantaleón, médico piamontés, que registra las técnicas de producción utilizadas hasta ese momento y da noticia de los quesos europeos más importantes.

En 1500 se implantan los primeros métodos de rotación agrícola en Europa, lo que repercute en un notable incremento del ganado bovino. Debido a esto, la leche de vaca empieza a reemplazar la de los ovinos, empleada ya sólo para algunas variedades de quesos y casi siempre mezclada. Esta y otras técnicas novedosas con relación a la manufactura quesera, tales como la cocción de la leche, los compresores colgantes y la salazón gradual del queso en sus varias fases de elaboración, son recogidas en el tratado de Agostino Gallo, publicado en 1569, *Veinte jornadas de la agricultura y de los placeres de la villa.*

Aquí llegamos al momento en que América y Europa se tocan en la historia y en el que empieza a surgir una incipiente producción quesera de este lado del océano. El ganado traído por los españoles tuvo una fácil adaptación y reproducción, por lo que pronto los hacendados pudieron iniciar la transformación de leche en queso y producir las clases conocidas por ellos: manchego, cabrales, Burgos, etcétera. Poco a poco, fueron apareciendo tipos locales con características propias que iban alcanzando gran aceptación popular.

La racionalización de la agricultura, la mejor alimentación de los ganados, los descubrimientos técnicos y científicos fueron favoreciendo un incremento en la producción de derivados lácteos en todo el mundo, hasta llegar a la industrialización contemporánea. En México, no obstante, hasta el primer tercio de este siglo XX, los quesos se manufacturaban en ranchos y lecherías. A partir de ese momento, la industrialización ha absorbido cada vez más la fabricación quesera, que produce los tipos autóctonos junto a otros de imitación europea, cuyo consumo es más restringido.

Por la consistencia de su pasta, los quesos se pueden clasificar en blandos, semiduros y duros. En México se producen de todos tipos y su uso es muy variado en la cocina. Los blandos frescos, por su sabor suave, son excelentes para resaltar sabores fuertes: como botana con chile pasilla tostado para acompañar un aperitivo fuerte, ya sea tequila o mezcal, al estilo de Pátzcuaro; para contrastar el agridulce de los ates de frutas, al final de la comida o para quedar apresados y ofrecer su suavidad en el interior de tortitas capeadas de coliflor, de huauzontle, de peneques o de una torta compuesta, pletórica de ingredientes. Para rellenar se usan también los de pasta firme o hilada, que brindan sabor y consistencia más fuertes al interior de chiles poblanos, de quesadillas o para mezclarse, fundidos con rajas, elotes, cuitlacoches, flor de calabaza, en gran variedad de budines horneados. Los hay también para espolvorear: los añejos, sobre chalupas, sopes, tostadas, enchiladas, memelas o frijoles refritos. A veces, el queso mexicano no olvida su origen europeo y se reconoce "suizo" cuando acompaña platos de la cocina popular. Tal es el caso de tacos, enchiladas, alambres "suizos", llamados así por la presencia de queso fundido en ellos.

En el *Catálogo de expositores de la 1° Feria Nacional del queso y derivados de la leche*, en una página dedicada a "El queso en México", asegura que:

> La producción de quesos en México se puede dividir en dos grupos. En uno la predilección de los quesos suaves. Estos quesos suaves son los favoritos de los mexicanos y los que más se fabrican en el país. Los tipos principales son el sierra (fresco o añejo) y el Oaxaca, como ejemplo de quesos sin madurar, y el manchego (que no se parece a su homónimo español) y el Chihuahua entre los añejados. En general pueden considerarse como auténticos quesos de México, si bien presentan similitud con algunos importados.
>
> Los quesos mexicanos en las exposiciones internacionales han comprobado su alto nivel de calidad competitiva. El manchego obtuvo el tercer premio de la Exposición Internacional de Quesos de Wisconsin; este queso en el norte del país se conoce como asadero.
>
> El segundo grupo es reducido, son pocas las personas que prefieren el queso fuerte y exótico, que va ganando adeptos. Para ellos está reservada la producción nacional relativamente pequeña de especialidades internacionales, como el *camambert*, el *gruyère*, el *cheddar* y otros.

Para buscar quesos fuertes en México no es necesario recurrir forzosamente a los importados. En Chiapas se produce el llamado queso de Ocosingo, un producto de masa blanda con sabor de gran intensidad y cáscara dura.[88]

Alfonso Reyes afirma que el queso es "el producto más provincialista" que se conozca, y al cual confluyen complicadísimas condiciones de ambiente, clima, pastos, ganaderías, hábitos, tradiciones".[89] Desde que los quesos de las diversas regiones europeas empezaron a ser conocidos fuera de su lugar de origen, se produjo una sana competencia entre las preferencias de los consumidores que favorecían las variedades locales. El queso, al igual que el vino, es producto que da prestigio a la región que los elabora y muchos de ellos ostentan con orgullo su denominación de origen. Esta tradición también existe en nuestro país; por tanto, seremos los consumidores los beneficiados al poder escoger entre las calidades de los quesos que con la satisfacción de su origen se producen en:

Chiapas y Yucatán: El de bola, especialmente de Villaflores, los de barra, los de doble crema y los quesillos.
Chihuahua: los famosos y estimados de los menonitas y el asadero de Cuauhtémoc.
D.F.: gran variedad de tipos nacionales e imitación de extranjeros.
Guanajuato: el desmoronado de San Luis de la Paz y los de Apasco.
Guerrero: los quesos costeños.
Jalisco: los de Guadalajara, Ocotlán, Lagos de Moreno, Jalpa, el enchilado de la Barca y los de Tizapán.
Michoacán: los de Cotija, tipo asadero, para guisar, rallar y desmenuzar; los de la Piedad, Zumpango del Río, Amojileca, Huetamo, Jiquilpan, Puruándiro, Zamora, Lagos, la Unión y Zahuayo.
Oaxaca: los quesillos, y el original trenzado, asadero de Etla.
Puebla: las mantequillas y quesos de Chipilo.
San Luis Potosí: los de Tamazunchale, especiales para gratinar.

---

88 *Catálogo de Expositores. 1ª Feria Nacional del queso y derivados de la leche*, s. p.
89 Alfonso Reyes, *Memorias de cocina y bodega*, p. 12

Sinaloa: los de Rosario y Mocorito.
Tamaulipas: los de Huasteca y los de Nuevo Santander.
Tlaxcala: el tipo *chester* para relleno y para quesadillas, y los frescales, el enchilado de Bacará añejo y el envuelto en hojas de plátano.
Toluca: los redondos y blancos en memelas y tortas, y los de Lerma y Chalco.
Zacatecas: los asaderos.[90]

En los demás estados se fabrican también quesos en menor volumen y son muy estimados los de leche de cabra que producen Coahuila, Zacatecas, Jalisco, Guanajuato, Aguascalientes. En el Bajío se elaboran unas panelas o afinados de frescal, hechos en moldes de carrizo en forma cilíndrica.

[90] Amando Farga, "El nutricio queso", en *Historia de la comida en México*, pp. 142-143.

[EL COCINERO Y SU ESPACIO]

La llama eterna que el hombre ha necesitado siempre para sobrevivir...

Miguel Espinet, *El espacio culinario.*

El domesticador de fuego

La ira de Zeus tonante, señor de la luz y del rayo, en contra de los hombres favorecidos por el titán Prometeo, no se hizo esperar: "Vaya, que sea suya la carne, pero que la coman cruda. Fuego no hay para ellos".[91] Con este feroz castigo, el padre de los dioses del Olimpo, celoso del progreso humano, arrebataba a los mortales el beneficio del fuego divino, pues con él habían iniciado el cultivo de las artes y en primerísima instancia, la transformación de sus alimentos.

Por su parte, los dioses del panteón mexicano también manifestaron enorme indignación por la osadía de la pareja humana que, sin el consentimiento divino, inventó el fuego y lo usó para asar y comer peces. El castigo a los audaces consistió en cortarles las cabezas y convertirlos en perros.[92]

La imaginación científica contemporánea ha venido a corroborar lo que la visión mítica de griegos y mexicas –ambos predecesores culturales nuestros– reveló con tanta sabiduría: el homínido, antecesor del hombre, da el primer paso hacia la fundación de una cul-

[91] Ángel Ma. Garibay K., *Mitología griega. Dioses y héroes*, p. 210.

[92] Cfr. Alfonso Caso, *El pueblo del Sol*, p. 57.

tura humana cuando aprende a transformar sus alimentos con el fuego.[93] El episodio es tan trascendente que significa el abandono de su estado animal, sujeto por completo a las leyes naturales, y a la conquista de su nueva condición, la humana, con características inéditas en la naturaleza. Por ello se explica la reacción airada de los dioses al testimoniar el surgimiento de un competidor suyo capaz de modificar el mundo y de crear, al igual que ellos. Asimismo se aclara el castigo inflingido: la voluntad divina de que estos nuevos seres regresen a su estado anterior, el animal, simbolizado en un caso por la ingestión de carne cruda, y en el otro, por su desaparición y transmutación en perros.

La domesticación del fuego fue un proceso lento. El homínido en transformación hubo de atravesar por una serie de etapas previas. La inicial, todavía mono, fue el dominio creciente de la sabana en torno al bosque que ocupaba. El hábitat adquirido lo obligó, por razones de seguridad, a intensificar la protección y colaboración del grupo y a alcanzar una posición erecta para poder ver a los demás miembros de la horda y ser visto por ellos. La nueva postura le permitió transportar, también con fines de defensa, un útil en la mano; su uso le dio la oportunidad de ampliar su repertorio de alimentos, pues con él podía imitar las prácticas de otros animales: rascar, matar, seccionar, etcétera. Sin embargo, el homínido no podía triturar y digerir muchos de los alimentos que ingerían otras especies.

Parece que este homínido ya aprovechaba el fuego producido en los incendios y había aprendido a conservarlo para protegerse, mucho antes de que lo convirtiera en su principal medio de transformación culinaria. La curiosidad o el azar pudieron haber provocado el contacto entre el alimento y el fuego, hecho que marca el origen de la cocina y la diferenciación definitiva de la especie. En un principio, esta actividad tuvo que realizarse en las condiciones más difíciles: "a fuego directo, sin aplicar más agua que la contenida en los alimentos, sin vasijas y con los útiles más rudimentarios".[94]

93 Cfr. Faustino Cordón, *Cocinar hizo al hombre.*

94 *Idem*, p. 92.

Al cocinar, los homínidos saltan del medio animal al social, propio de lo humano: acampan, se organizan y empiezan a hablar. Lo que en momentos anteriores de su evolución les fue suficiente para comunicarse -gritos que denotaban seres o acciones aisladas- ya no les basta, pues en la cocina están ante un proceso, ante relaciones entre seres y acciones que requieren de una coordinación. Ahora, estas pautas de conducta más complejas los conducen a un mayor dominio del lenguaje: el grito inconexo que expresaba peligro, ayuda o presencia de alimento, va dando paso a un lenguaje articulado que relaciona sujetos, objetos y acciones. Por ello Faustino Cordón, en *Cocinar hizo al hombre*, no duda en sostener que "la cocina alumbró la palabra [...] la cocina fue, pues, la partera del hombre".[95]

La práctica culinaria, al progresar junto con la palabra, se convierte en el primer acervo de conocimientos empíricos transmitidos por tradición oral en los pueblos primitivos. A ella se encadenarán todas las actividades sucesivas que el hombre ha ido aprendiendo a ejercer sobre la realidad con el fin de adecuarla para su beneficio: cerámica, ganadería, metalurgia, etcétera.

La cerámica constituye la primera artesanía que resulta de la aplicación del fuego y gracias a ella, se empieza a utilizar la cocción que aportó muchas ventajas sobre el método de aplicación directa a la llama. Asimismo facilitó el uso de condimentos e hizo posible la mezcla de distintos productos. Este paso, al permitir una mayor elaboración, empezó a educar el gusto y a fomentar una fineza creciente en la práctica culinaria. El cocinero empieza así a beneficiarse del trabajo de otros artesanos.

En un sentido, la historia de la cocina es la de las distintas soluciones que el hombre ha venido dando al problema de producir y controlar el fuego, así como de las diversas técnicas que ha inventado para transformar sus alimentos y perfeccionar e innovar los sabores. De esta manera se han creado las múltiples tradiciones culinarias que distinguen a los pueblos de la Tierra.

95 *Idem*, p. 103.

Cocinas y cocineros en México-Tenochtitlán

La presencia y los beneficios del fuego en las culturas mesoamericanas quedan de manifiesto en el culto a Huehuetéotl, el dios viejo, conocido así tanto por su aspecto como por su antigüedad. En el universo ocupa el centro entre los cuatro puntos cardinales, así como el brasero toma asiento en el centro de la casa y del templo. La deidad se llama también Xiuhtecutli y Xiuhcóatl, su *nahual* o disfraz, es la serpiente de fuego que transporta al sol en su camino por el cielo. Los dioses de la noche, Tezcatlipoca, y del día Huitzilopochtli, son asimismo deidades del fuego y se cubren a veces con la serpiente Xiuhcóatl.[96] Así, el fuego, presente siempre en el hogar mexica, se convierte también, por mediación divina, en sustento diario del universo. El *tlecuil*, hogar mexicano, constaba de tres *tenamates*, piedras boludas colocadas en triángulo, entre las cuales se encendían los leños. Contenía el poder del "dios viejo" y por lo mismo, era de carácter sagrado. Quien pisaba esas piedras mancillaba la encarnación del dios y corría el riesgo de morir en un breve plazo.[97]

En Tenochtitlán, la conservación del fuego y la manutención cotidiana de la familia estaba a cargo de la mujer. Su cocina era una pieza de adobe, cuando existía como cuarto separado, cuyo equipo de trabajo quedaba compuesto por el *tlecuil*, por un comal de barro y un soplador de tule; un metate con *metlalpil*, un molcajete con tejolote, todos de piedra volcánica; ollas y cazuelas, tecomates y guajes, ayates, chiquihuites y tanates. La tradición establecía que Quetzalcóatl, dios de origen tolteca, en su acción civilizadora había enseñado a los hombres toda suerte de artes y oficios:

> Muy grande artista era el tolteca
> en todas sus creaciones,
> en lo que sirve para comer, para beber,

---

96 Cfr. Alfonso Caso, *opus cit.*, p. 54.

97 Cfr. Jacques Soustelle, *La vida cotidiana de los aztecas en vísperas de la Conquista*, p. 131.

objetos de barro verdeazulados,
verdes, blancos, amarillos, rojos
y todavía de otros colores más.[98]

Sobre los tenamates del *tlecuil*, colocaba la cocinera las ollas para guisar los alimentos o el comal para cocer las tortillas. Este mismo principio de piedras calentadas con leña encendida era trasladado al horno subterráneo, en donde lograba la cocción de los alimentos en su propio jugo, resguardados por la impermeabilidad de las hojas de maguey o de maíz. Como desconocía la utilización de las grasas de origen animal o vegetal, no usaba la fritura.

La práctica cotidiana de la cocinera doméstica, aprendida de sus mayores y ejercitada en silencio y en el anonimato, ha permitido la continuación de una cultura culinaria todavía vigente. Bernardino de Sahagún nos ha dejado una caracterización de las faenas que debía dominar una buena guisandera, así como de los vicios que tenía la que no sabía cultivar el oficio. Contiene algunas confusiones culturales, por demás inevitables:

> La mujer que sabe guisar tiene por oficio entender en las cosas siguientes: hacer tortillas, amasar bien, saber echar la levadura, para todo lo cual es diligente y trabajadora; y sabe hacer tortillas llanas y redondas y bien hechas, o por el contrario, hácelas prolongadas y hácelas delgadas, o hácelas con pliegues, o hácelas arrolladas con ají; y sabe echar masa de los frijoles cocidos en la masa de los tamales, y hacer tamales de carne, como empanadillas, y otros guisados que usan. La que es buena en este oficio, sabe probar los guisados si están buenos o no, y es diestra y experimentada en todo género de guisados, entendida y limpia en su oficio, y hace lindos y sabrosos guisados.
>
> La que no es tal no se le entiende bien el oficio, es penosa y molesta porque guisa mal, es sucia y puerca, comilona, golosa y cuece mal las tortillas, y los guisados de su mano están ahumados, o salados o acedos, y tal que en todo es grosera y tosca.

98 "Versión de los anales de Cuauhtitlán", en Miguel León-Portilla, *Las literaturas indígenas*.

Algunas mujeres participaban de la vida bulliciosa del mercado e instalaban sus cocinas "en casas donde dan de comer y beber por precio"[99] y servían a comerciantes, compradores y a cualquier paseante con apetito.[100]

En Tenochtitlán, las festividades religiosas modificaban periódicamente el ritmo de la vida diaria. A cada uno de los dieciocho meses del calendario mexica correspondía alguna celebración o rito en honor de alguna deidad. Durante los festejos, se preparaban y se consumían alimentos. En estas ocasiones, los cocineros ejercían el oficio sagrado de nutrir a los dioses y de hacer partícipes a los hombres de la comida ceremonial. Centéotl y Chicomecóatl, dioses del maíz, recibían ofrendas de flores y alimentos en los templos del barrio y en los adoratorios particulares. Para propiciar el favor de la lluvia, se consumía en honor de Tláloc un potaje compuesto de maíz y frijol llamado *etzalli.* En las celebraciones a Huehuetéotl, los mancebos se disputaban los pedazos de una efigie hecha de masa de *huahtli*, colocada en lo alto de un poste elevado, el cual trepaban. En la fiesta de las montañas, que también representaban a la lluvia, y en la de la caída de las aguas, se confeccionaban nuevamente figuras de *huautli* que, igualmente, se comían.[101] En cuanto a las víctimas humanas, cuya carne y sangre ingerían en algunas de esas ceremonias, eran los sacerdotes los encargados de prepararlas. "En este caso es evidente –comenta Sonia Corcuera– que eran hombres con autoridad y fuerzas físicas, los que iban a efectuar el sacrificio y no una humilde india sin experiencia en destazar animales grandes."[102]

Mención aparte merecen los cocineros que servían en los palacios de los grandes señores, y en especial los que trabajaban para suministrar la enorme variedad de platos que llegaban a la mesa de Moctezuma. El testimonio de Bernal Díaz nos pone al corriente del nivel de sofisticación con que los sirvientes atendían al emperador:

---

99 Bernardino de Sahagún, *Historia general de las cosas de la Nueva España.*

100 Cfr. Hernán Cortés, *Cartas de relación.*

101 Jacques Soustelle, *opus cit.*, pp. 244-245.

102 Sonia Corcuera, *Entre gula y templaza*, p. 131.

> En el comer, le tenían sus cocineros sobre treinta maneras de guisados, hechos a su manera y usanza, y teníanlos puestos en braseros de barro chicos debajo, porque no se enfriasen, y de aquello que el gran Moctezuma había de comer guisaban más de trescientos platos, sin más de mil para la gente de guarda; y cuando habían de comer, salíase Moctezuma algunas veces con sus principales y mayordomos y le señalaban cuál guisado era mejor, y de qué aves y cosas estaba guisado, y de lo que le decían, de aquello había de comer [...][103]

Detrás de este servicio se infiere la existencia de una organización de abasto y producción necesarios para alimentar a Moctezuma y a su "gente de guarda", así como la presencia de un considerable número de cocineros trabajando en conjunto, quizá bajo el mando de uno, para confeccionar la cantidad de guisos que se le presentaban al monarca. Se puede adivinar también un grado de especialización y creatividad ausentes en el oficio de la cocinera doméstica, fiel a los usos inalterables de la tradición. Descubrimos entonces en el mundo prehispánico el surgimiento de un cocinero, cuya posibilidad de experimentación -gracias a los recursos con que contaba- lo diferencia de los cocineros que proveían a la población el sustento cotidiano y de los que cocinaban según el ritual, apegados siempre a los hábitos ancestrales.

Cocinas y cocineros en la Nueva España

Cuando los españoles iniciaron los trazos primitivos de las ciudades coloniales y empezaron a levantar las primeras construcciones en América, la situación culinaria en Europa, en cuanto a espacios, adelantos técnicos y avances gastronómicos, no había hecho muchos progresos desde la Edad Media. El Renacimiento significó una revolución en las ideas y en las artes, pero se olvidó de pasar por las cocinas.

---

103 Bernal Díaz del Castillo, *Historia verdadera de la Conquista de la Nueva España*, cap. XCI.

En Europa, las cocinas domésticas del siglo XVI siguieron siendo las mismas que las medievales: una chimenea de ladrillo adosada a la pared o colocada en el centro de la habitación con una campana de humos que se elevaba hasta el techo; se alimentaba con leña o carbón y servía al mismo tiempo para calentar las otras habitaciones de la casa. En edificaciones mayores, solía haber un horno de piedra o ladrillo para cocer el pan u otros alimentos. Existía también un cuarto colateral que, además de bodega y despensa, se utilizaba para ahumar la carne. La disposición del hogar en estas casas permitía que la cocinera doméstica trabajara en estrecha compañía con el resto de los moradores.

En cuanto a las cocinas palaciegas de las cortes renacentistas, permanecieron, igual que en los castillos medievales, en sótanos y lugares lóbregos, lo cual significó un retroceso en relación con el desarrollo arquitectónico que habían alcanzado las cocinas de los conventos de la Edad Media. La diferencia entre unas y otras se explica porque en las abadías, los cocineros eran los mismos monjes, que compartían el trabajo con espíritu comunitario, mientras que las cortes reales eran servidas por criados semiesclavizados a quienes no importaba favorecer con condiciones dignas de trabajo.[104]

Las cocinas que se erigieron en palacios, conventos y haciendas durante el periodo virreinal en la Nueva España, fueron mezclando exitosamente las concepciones europeas con las indígenas, produciendo así, a la larga, un enriquecimiento del espacio culinario y de los métodos de transformación de los alimentos.

El magnífico convento franciscano de Huejotzingo, en el actual estado de Puebla, fue uno de los primeros que se construyeron en la Nueva España. Gracias a las excelentes condiciones de conservación en que se encuentra, podemos observar hoy la cocina en que los frailes cocineros, bajo el patrocinio del santo franciscano san Pascual Bailón, preparaban los austeros alimentos que, en silencio, a la escucha de la lectura de los textos sagrados, consumía la comunidad. Las instalaciones de la cocina constan de un hogar abierto, con un

[104] Miguel Espinet, *El espacio culinario*, pp. 27 ss.

enorme tiro para desalojar los humos. Los leños descansan directamente sobre el piso; encima penden los llares, de los que se cuelgan los calderos. La llama abierta y descontrolada no permite aún métodos complejos de elaborar los alimentos y requiere, en cambio, que los monjes se encomienden al santo patrono para solicitarle algo de su paciencia y colaboración. La habitación cuenta también con un ducto de agua que llena un depósito junto a la puerta de entrada. Otros dos accesos comunican con los que fueron el frigorífico y la panadería. Como podemos advertir, en las primeras construcciones del siglo XVI la concepción del espacio culinario en la Nueva España no presenta ninguna diferencia con el europeo del mismo periodo. Las transformaciones se producirán en el siglo XVII.

Por los hermosos testimonios arquitectónicos y pictóricos con que contamos, nos percatamos de los beneficios del mestizaje. Si bien los lienzos de Pingret, Serrano y Arrieta están firmados después de 1850, podemos inferir que las cocinas allí plasmadas eran necesariamente anteriores a esa fecha y que forman parte de una misma noción del espacio culinario dominante en el mundo novohispano a partir del siglo XVII. Las cocinas de los conventos poblanos de este mismo siglo, las de Santa Rosa y Santa Mónica por ejemplo, y las de los palacios y haciendas aún en pie, así lo corroboran.

En todas ellas se aprecia la existencia de una estructura de obra que hace las veces de estufa, con hornillas alimentadas por leña o carbón. Dicho adelanto aparece ya en un grabado veneciano que ilustra una "cocina ideal" del siglo XVI,[105] en una espléndida pintura del XVII en que se manifiesta la mano maestra de Diego Velázquez[106] y en un cuadro polaco del XVIII.[107] La técnica mencionada supera al *tlecuil*

---

[105] Grabado que reproduce la cocina ideal del siglo XVI, extraído de las *Obras* de Bartolomeo Scappi, cocinero secreto del Papa Pío V, en Jean-François Revel, *Un festin en paroles*, p. 155.

[106] Una cocina del siglo XVII según una pintura de Diego Velázquez (1599-1660), Chateau de Villandry, en *ibid*, p. 184.

[107] Cocina de 1770 según el pintor polaco Daniel Chodowiecki (1726-1801), en Miguel Espinet, *opus cit.*, p. 74

indígena asentado en el piso y a las chimeneas vigentes todavía en el siglo XVI, que dificultaban el control del calor y dejaban escapar mucha energía. En las cocinas mexicanas existe además una mesa de trabajo que puede asimismo ser de albañilería o de madera. En ninguna falta el metate y la tinaja de barro o el barril de madera para el agua, y como útil auxiliar para frituras, el gran cazo de cobre; los trastos del mismo metal, las cazuelas de barro, las cucharas de madera en abanico junto con los otros de tule para avivar el fuego; canastas, parrillas de metal, alacenas empotradas con lo indispensable a la vista. Todo en una arquitectura del ingenio y la fantasía que convierte en lujo la necesidad cotidiana. Habitaciones independientes con suficiente iluminación, blanqueadas a la cal o revestidas de azulejo. En éstas se afanan las indias molenderas, las tortilleras, los aguadores, las cocineras, y en fin, la mano de obra doméstica disponible en la Nueva España, aprendices de los nuevos usos culinarios a la vez que sabios continuadores de sus propias tradiciones; por ello, protagonistas de la naciente cocina mestiza.

Los cocineros cortesanos habían llegado con oportunidad a la Nueva España para servir en los palacios de los personajes importantes del virreinato. Así, el virrey Antonio de Mendoza y el capitán Hernán Cortés contaban con cocineros expertos, seguramente entrenados en alguna casa señorial de España. La crónica de los banquetes que los dos personajes ofrecieron en 1538, escrita por Bernal Díaz, sugiere que los muchos manjares que se brindaron fueron preparados por cocineros adiestrados en servir a un elevado número de comensales y a la usanza medieval todavía vigente. Una copiosa cantidad de platos presentados en la mesa en sucesivos servicios que se levantaban, a veces intactos, para dar paso a los siguientes; comidas que fluctuaban entre el hartazgo, el desdén y el espectáculo. Antes de estos cocineros, a los que podemos considerar profesionales, llegaron otros que, si no lo eran, la oportunidad y los numerosos viajeros que cruzaban estas tierras les permitieron profesionalizarse en el oficio. Pedro Hernández Paniagua hizo de su apellido una vocación e instaló en 1526 el primer mesón de la ciudad de México y del continente. A este mesón le sucedieron albergues, bodegones, cantinas, figones, fondas, hosterías, hostales, hospederías, hospicios, hospitales, paradores, posadas, tabernas, ventas,[108] todos ellos dedicados a restaurar las energías de viajeros, transeúntes e indigentes y a fortalecer una profesión tan provechosa para quien la ejerce como para quien se beneficia de ella.

La vanguardia en materia de diseño del espacio culinario y de condiciones de trabajo, se había producido en Europa en los monasterios medievales: eran entonces centros de cultura y posada de peregrinos. Los monjes, con el fin de cumplir bien su misión de alimentar a cientos de huéspedes a la vez y de procurarse buenas condiciones de trabajo, construyeron cocinas independientes, espaciosas, bien iluminadas y ventiladas. Los conventos medievales fueron asimismo autónomos en el abasto, pues en su interior, se cultivaban frutas y legumbres y se criaban animales domésticos.

Estas nobles tradiciones se continuaron en algunos de los monasterios fundados en la Nueva España. El convento de San Jacinto en San Ángel, por ejemplo, se hizo famoso por los productos de sus huertos, que no sólo se servían en su mesa sino que se ponían a la venta. Algunas órdenes religiosas se ocupaban de preparar y repartir comida entre los indígenas pobres. Tal es el caso de los monjes de la orden de San Hipólito, en la ciudad de México.

Dentro de la tendencia monástica de diseñar amplias y bien provistas cocinas, sobresalen las poblanas, deslumbrantes por el pródigo uso del azulejo de talavera como recubrimiento de muros, braseros, mesas, pilas, presente en ellas para dar contento a la vista y pulcritud al lugar. Nos las describe pormenorizada y detenidamente Salazar Monroy:

> La típica cocina poblana se caracteriza por sus azulejos, por sus braseros semicirculares y prismáticos, por sus hornillas redondas o cuadradas con atanores, por sus metates y cajetes de piedra granítica, por sus ventrudas cazuelas de barro con reborde vidriado para el mole de guajolote, por sus torteras para sopa, por sus grandes ollas de arcilla para cocer tamales y atoles o sabrosos champurrados, y también para refrescos de horchata, por sus ollas que de mayor a menor se enhilan

108 Amando Farga, *Historia de la comida en México*, p. 45.

en los rincones de las paredes, por las parrillas de fierro a forja para asar carnes, por las tenazas con flejaduras para coger las brasas de la lumbre, por los cuchareros o repisas taladradas donde ponen las cucharas de madera de todos tamaños, y los graciosos molinillos torneados y con arillos que castañean [*sic*] en las ranuras, cuando se agitan en los jarros chocolateros, por los ralladores de hojalata, por los cedazos con tamiz de cerda, por los platos, tazas y tazones con esmalte blanco y floreados, por las copas y vasos de cristal poblano, por los moldes de hojalata, por sus canastas de mimbre, por sus aventadores de palma tejida, y por otras miniaturas de loza y barro que se convierten en singular adorno de las paredes.

La cocina de la casa del Alfeñique da idea de la colocación del trasterío, la de Santa Mónica por su brasero semicircular, bancos de piedra y fregadero volado, y la de Santa Rosa por la grandiosidad de su azulejería. [Esta última] es notable no solamente porque allí se inventó el mole poblano o de guajolote, sino porque en la actualidad es la única que representa a las cocinas antañonas poblanas, y también por sus azulejos de las más cautivadoras tonalidades.[109]

No sorprende, pues, que en lugares de trabajo tan atractivos y bien equipados, las monjas mexicanas hayan creado las excelentes recetas de aquellos guisos y postres. Al ponerlos a la venta u ofrecerlos como agasajo a los grandes personajes del virreinato, cultivaron el gusto no sólo de las clases acomodadas, sino de toda la población y fundaron la alta cocina mexicana. Esta, aunque se nutre de la tradición, obedece al mismo tiempo a un espíritu innovador y refinado. Aún más, resume un drama ancestral que se resuelve venturosamente en cada plato:

A través de las manos blancas de las novicias y las manos morenas de las conversas, la cocina de la nueva civilización hispano-india se había convertido también ella en campo de batalla entre la fiereza agresiva de los antiguos dioses del altiplano y la superabundancia sinuosa de la religión barroca [...][110]

---

109 Melitón Salazar Monroy, *La típica cocina poblana y los guisos de sus religiosas*, pp. 1 y 2.

110 Italo Calvino, "Sabor saber", en *Vuelta* 87, p. 10.

Artesanos y artistas de la cocina

Jean-François Revel ofrece una reflexión sobre la cocina europea que aquí puede ser aprovechada por dos razones. La primera, porque a lo largo de la historia de la cocina mexicana -ya lo hemos observado- se producen ambas tendencias, la popular y la ilustrada; y porque los cambios que se gestan durante los siglos XVIII y XIX, principalmente en Francia, repercuten también en nuestra cocina. Por su importancia, la cito en extenso:

> La cocina procede de dos vertientes: una popular y otra ilustrada; esta última se sitúa necesariamente dentro de las clases ricas de todas las épocas. Existe a lo largo de la historia una cocina campestre (o marina) y una cortesana; una cocina popular y una familiar ejecutada por la madre de familia -o la humilde cocinera doméstica- y una cocina de profesionales que sólo los chefs totalmente consagrados a la práctica, cuentan con el tiempo y los procedimientos para realizar.
>
> La primera se caracteriza por estar ligada al territorio, por explotar los productos de la región y de temporada, en un acuerdo estrecho con la naturaleza; por descansar sobre una sabiduría ancestral, transmitida por las voces inconscientes de la imitación y la costumbre, por aplicar procedimientos culinarios pacientemente puestos a prueba y asociados a ciertos instrumentos y recipientes consagrados por la tradición. Podemos decir que esta cocina no se desplaza. La segunda, la ilustrada, reside en la invención, la renovación, la experimentación. Hemos visto producirse, de la antigüedad a nuestros días, en Europa, y en otras partes, un cierto número de estas revoluciones gastronómicas, de las que las más importantes, por lo menos para la cocina europea, han tenido lugar, una a principios del siglo XVIII, la otra a principios del XIX.[111]

Así, en el siglo XVII, el primer elemento que abonó el terreo de las transformaciones culinarias fue la generalización de los braseros de varias hornillas con fuego controlado -lo vimos ya aparecer en

[111] Jean-François Revel, *opus cit.*, pp. 28-29.

las cocinas de la Nueva España–; ello permitió un amplio registro de calores: del fuego suave a la llama viva, así como la preparación y supervisión simultánea de varios platillos en diversas etapas. Otro factor que influyó en el cambio fue la distinción clara, consciente, entre el cocinero profesional, reflexivo, creador, al servicio de las clases altas; y la cocinera doméstica, adiestrada en las habilidades manuales aprendidas en el seno familiar. Se diferencia asimismo, como resultado del trabajo de los cocineros profesionales, la cocina moderna de la antigua. Ésta ultima está "aromatizada con la ayuda de especias y condimentos superpuestos", mientras que la moderna es capaz de crear "nuevas entidades no solamente a partir de mezclas sino por combinación y fusión de productos naturales que constituyen nuevas unidades gustativas."[112] La preparación de los diversos platos en el ámbito de la cocina profesional, requiere cada vez más de la presencia de especialistas que dominen las distintas ramas. Así, nace el *chef de cuisine*, el gran artista que gobierna los fogones, y bajo cuyas órdenes están el pastelero, el rosticero y el especialista en entradas.

Otro fenómeno importante que marcará la revolución gastronómica que se inicia en el siglo XVII y que culmina en el XIX, es la aparición de los restaurantes. Tanto en Europa como en la Nueva España –ya los vimos surgir– existían establecimientos en donde se ponía a la venta comida preparada. Sin embargo, los restaurantes que nacen en Francia tienen como característica fundamental la de poner la gran cocina bajo el dominio público en locales decorados con lujo y a la moda y con una carta novedosa y variada. Los grandes chefs surgidos del mecenazgo particular, reciben ahora el patrocinio de una amplia clientela.

El fastuoso mundo de la corte y de la nobleza fue roto por la Revolución de 1789 y ésta fue la causa de la dispersión de los cocineros, quienes abrieron restaurantes tanto en Francia como en el resto de Europa. Así, los procedimientos de la cocina francesa se internacionalizaron, es decir, se asimilaron a las diversas cocinas locales.

---

[112] *Ibid*, p. 221.

Finalmente, la cocina francesa que se crea en este periodo alcanza una gran difusión a partir de la importante literatura gastronómica que se publica. Aparecen tres tipos de libros de cocina: los libros de los propios creadores, los escritos para el público, las amas de casa, etc. y, por último, los escritos por los aficionados a la gastronomía. En el primer tipo de publicaciones se plasman las recetas surgidas de la práctica profesional y que van destinados a otros profesionales. Entre ellos sobresale el importante trabajo de Marie-Antoine Carême (1784-1833). El segundo tipo de libros incorpora las lecciones de la gran cocina a la cocina cotidiana. El último tipo de publicaciones comentan y reflexionan el fenómeno gastronómico, escritos por aficionados, degustadores, cronistas. Entre éstos son célebres la *Fisiología del gusto*[113] de Jean-Anthelme Brillat Savarin (1755-1826) y el *Manual de anfitriones* de Alexandre-Balthasar-Laurent Grimond de La Reynière (1758-1838).

Dos acontecimientos históricos, la Revolución francesa y la Independencia de México, cercanos en fechas y hermanados en principios, fueron causa de la expansión y de la absorción por nuestra cultura de los preceptos y la mano de obra especializada que produjo la gran cocina francesa. El nuevo gusto francés se cuela por las cocinas de los mesones mexicanos y obliga a los cocineros locales a renovar su recetario, a modificar sus hábitos de trabajo y a cambiar el membrete de sus establecimientos por el de restaurantes, antes de que los mismos cocineros franceses vinieran a fundar los suyos propios o a servir en casa de algún mexicano aristocratizado. También, vía publicaciones que incorporan las enseñanzas de los maestros, el gusto francés penetra en las cocinas domésticas nacionales, revelando a las amas de casa y a sus cocineras los secretos de las nuevas técnicas de elaboración.

Mientras tanto, los experimentos para la aplicación del gas como elemento energético se perfeccionaron. En un principio se utilizó para iluminación de casas y calles. A partir de la primera presentación pública de una estufa de gas en 1839, en Inglaterra, y en medio de una enorme polémica entre defensores y detractores, los modelos se fueron

[113] Traducido en México en 1852.

perfeccionando hasta la aparición en 1889 en Chicago, de la "Jewel Gas Stove" que "se considera como el aparato culinario que marcó la separación entre los interesantes, pero aún rudimentarios inventos del siglo XIX, y las modernas cocinas de los catálogos actuales".[114] Cuatro años más tarde, en 1893, se presentó, también en Chicago, durante la Exposición Mundial, una cocina totalmente eléctrica, que cambió la tradición milenaria de la necesidad de la llama ardiente.

Los inventores del siglo XIX atendieron al mismo tiempo otro tipo de preocupación, la de la racionalización del espacio para hacerlo más funcional y ahorrar movimientos inútiles o superpuestos a los trabajados de hornos y fogones. Amas de casa, servidores del ejército, chefs profesionales, arquitectos; desde todos los frentes hacen aportaciones que sientan las bases para que el espacio culinario evolucione hasta el punto que hoy lo conocemos.

Hasta aquí, en resumen, hemos pasado revista a las condiciones históricas y tecnológicas que engendraron las actuales concepciones del espacio culinario, así como las de la profesionalización del oficio de cocinero. Si volvemos a los inicios y evocamos de nuevo al hombre prehistórico transformando sus alimentos en las condiciones más rudimentarias, nos asombramos de los pasos que la humanidad ha avanzado en este terreno. Y descubrimos que los motivos han sido, por un lado, el logro del disfrute gastronómico, que diferencia en definitiva al ser humano del animal, cuyo único móvil es el hambre. Y por otro, el de lograr condiciones de trabajo cada vez más dignas, que disminuyen el esfuerzo y liberen la creatividad.

El disfrute gastronómico al cual está destinado el trabajo de un buen cocinero se apoya en la percepción sensorial de lo bien cocinado conforme a una tradición y en la distinción de las innovaciones, de los aportes que el creador hace sobre el fondo de la tradición.

> Como el pintor o el músico (pero con una fuerte razón adicional, ya que se trata no sólo de disfrutar, sino de asimilar alimento), el artista de la cocina ha de evocar siempre la correspondiente

[114] Miguel Espinet, *opus cit.*, pp. 107-108.

> tradición y saber negarla en algún punto de un modo cuyo sentido se descubra y aprecie por el gastrónomo y de esta manera, provoque en él una suerte de goce estético.[115]

Así, se requiere que el cocinero –quien participa de la más antigua sabiduría humana– se reconozca en una tradición, recurra a los productos regionales, maneje los mejores métodos de procesarlos y posea, además, capacidad de innovación. Los cocineros profesionales que trabajan en la actualidad siguen, en nuestro país y fuera de él, distintas tendencias: hacia una cocina complicada, elaborada; o hacia una cocina ligera, más simple; hacia una cocina internacional o hacia una cocina regional; una cocina con acento en los condimentos y los sabores bien marcados o en la autenticidad de los productos naturales; o bien, una cocina que valoriza la tradición o la invención.[116] Las alternativas, no obstante, no se oponen necesariamente; muchas de ellas se pueden combinar. Las fórmulas las obtienen hoy en día quienes en la actualidad hacen lo que ha dado en llamarse cocina de autor.

---

115 Faustino Cordón, *opus cit.*, p. 134.

116 Las distinciones son de Jean-François Revel, *opus cit.*, pp. 308-309.

BIBLIOGRAFÍA

Almanaque literario. Espejo del siglo XIX para 1960, pról. de Antonio Acevedo Escobedo, INBA, Departamento de Literatura, México, 1959.

Antología de la poesía lírica griega. Siglos VII-IV A.C., selección, prólogo y notas de Carlos García Gual, Alianza Editorial, Madrid, 1980. (Selección: Clásicos).

BALBUENA, Bernardo de, *La grandeza mexicana, estudio preliminar de Luis Adolfo Domínguez*, 4ª ed., Porrúa, México, 1985.

BARTHES, Roland, *Mitologías*, trad. de Héctor Schmucler, 3ª ed., Siglo XXI, México, 1981.

BATTISTOTTI, Bruno *et. al.*, *Quesos del mundo*, trad. Lionello Tertri y María Espinos, Ediciones Elfos, Barcelona, 1983.

BEARNE, Pierre, *Paris gourmand*, 4ª ed., Gallimard, París, 1929.

BENÍTEZ, Ana Ma., *Cocina prehispánica*, 3ª impresión, Ediciones Euroamericanas, México, 1980 (Biblioteca Interamericana Bilingüe 5).

BENÍTEZ, Fernando, *Historia de la Ciudad de México*, t. 8, Salvat, Barcelona-México, 1984.

BRILLAT-SAVARIN, Jean Anthelme, *Fisiología del gusto. Meditaciomes gastronómicas*, trad. de Felipe Jiménez de Asúa, Losada, Buenos Aires, 1939.

BRONOWSKY, Jacob, *El ascenso del hombre*, trad. de Alejandro Ludlow, Fondo Educativo Interamericano, EUA, 1979.

CABRERA, Francisco, *Agustín Arrieta, pintor costumbrista*, Porrúa, México, 1963.

CALDERÓN DE LA BARCA, Mme., *La vida en México*, 2t., trad., pról. y notas de Felipe Teixidor, 2ª ed., Porrúa, México, 1976 (Biblioteca Porrúa 14).

CALVINO, Italo, "Sabor saber", trad. Jorge Hernández Campos, *Vuelta* 87, México, febrero de 1984.

CAMBA, Julio, *La casa de Lúculo o el Arte de comer. Nueva fisiología del gusto*, 6ª ed., Espasa Calpe, Madrid, 1961.

CASO, Alfonso, *El pueblo del sol*, FCE/SEP, México, 1983. (Lecturas Mexicanas 10).

CASTELLO YTURBIDE, Teresa, *Presencia de la comida prehispánica*, Fomento Cultural Banamex, México, 1986.

CELORIO, Gonzalo, "Alejo Carpentier: el barroco metafórico", *Sábado*, núm. 130, México, 3 de mayo de 1980, (pp. 21-23).

CELORIO, Gonzalo, *Para la asistencia pública*, Katún, México, 1985. (Prosa contemporánea).

CHAPA, Martha, *La cocina mexicana y su arte*, Editorial Everest, León, España, 1983.

CORCUERA, Sonia, *Entre gula y templanza. Un aspecto de la historia mexicana*, UNAM, México, 1981.

CORDÓN, Francisco, *Cocinar hizo al hombre*, 4ª ed., Tusquets Editores, Barcelona, 1982. (Los 5 sentidos).

CORTÉS, Hernán, *Cartas de relación*, 6ª ed., Porrúa, México, 1971. ("Sepan cuanto..." 7).

CRUZ, Sor Juana Inés de la, *Obras completas*, t.I, pról. de Alfonso Méndez Plancarte, 1ª reimpresión, FCE, México, 1976. (Biblioteca Americana, Serie de Literatura Colonial).

CUÉ CÁNOVAS, Agustín, *Historia social y económica de México 1521-1854*, 18ª reimpresión, Trillas, México, 1978.

DÁVALOS HURTADO, Eusebio, *Alimentos básicos o inventiva culinaria del mexicano*, SEP, México, 1966.

DÍAZ DEL CASTILLO, Bernal, *Historia verdadera de la Conquista de la Nueva España*, intr. y notas de Joaquín Ramírez Cabañas, 11ª ed., Porrúa, México, 1976. ("Sepan cuantos..." 5).

DÍAZ MIRÓN, Salvador, *La giganta y otros poemas*, FCE/SEP, México, 1984. (Lecturas Mexicanas 58).

El maíz, fundamento de la cultura popular mexicana, presentación de Guillermo Bonfil Batalla, Museo Nacional de Culturas Populares/Cultura SEP, GV Editores, México, 1982.

ESPINET, Miguel, *El espacio culinario. De la taberna romana a la cocina profesional y doméstica*, Tusquets Editores, Barcelona, 1984. (Los 5 sentidos).

FARGA, Amando, *Historia de la comida en México*, Costa Amic, México, 1968.

FERNÁNDEZ, Beatriz, *...y la comida se hizo*, 6 t., 2ª reimpresión, ISSSTE, México, 1986.

FUENTES MARES, José, *Nueva guía de descarriados*, 3ª ed., Joaquín Mortíz, México, 1978.

FUENTES, Carlos, *La muerte de Artemio Cruz*, 5ª reimpresión, FCE, México, 1970. (Colección Popular 34).

GAMBOA, Fernando, *Obras selectas de Agustín Arrieta (1802-1874)*, Folleto de presentación de la muestra, Fomento Cultural Banamex, México, 1986.

GARIBAY K., Ángel Ma., *Mitología griega. Dioses y héroes*, 6ª ed., Porrúa, México, 1977. ("Sepan cuantos..." 31).

GOUFFE, Julio, *El libro de la cocina*, 2 t., Ed. Rodríguez y Co., México, 1893.

GUAL F., Enrique, *La pintura de "cosas naturales"*, SepSetentas 100, México, 1973.

IGLESIAS Y CABRERA, Sonia, *El pan popular* y *Alfonso Romero Reyes* y *Eder Mendoza Gallegos*, La comida mexicana, s.d.

IGLESIAS Y CABRERA, Sonia, *Los nombres del pan en la ciudad de México*, Ediciones del Museo Nacional de Culturas Populares, Cultura SEP, México, 1983. (Serie Cuadernos I).

KRAFFT, José Luis, "El niño de la sal", Chispa, núm. 61, México, abril 1986.

La cosa está del cocol y otros panes mexicanos, Museo Nacional de Culturas Populares, Cultura SEP, México, 1983.

Las senadoras suelen guisar, pról. de Salvador Novo, Arana, México, 1964.

LEÓN-PORTILLA, Miguel, *Visión de los vencidos. Relaciones indígenas de la Conquista*, Universidad Nacional Autónoma de México, México, 1987.

Literaturas indígenas, estudio introductorio, selección y notas de Miguel León-Portilla, Promexa, México, 1985.

LOMELÍ, Arturo, *El chile y otros picantes*, Editorial Prometeo Libre, México, 1986. (Colección Biblioteca del Consumidor).

MARTÍN DEL CAMPO, Rafael. *Alimentos y condimentos mexicanos incorporados a la cocina universal*, sobretiro de Filosofía y Letras, núm. 18, t. IX, UNAM, México, 1945.

México en la cocina del Club de Industriales, meditaciones gastronómicas por Edmundo O'Gorman, Club de Industriales, México, 1972.

MORENO VILLA, José, *Lo mexicano en las artes plásticas*, El Colegio de México/FCE, México, 1948. (Ensayos críticos sobre arte mexicano).

NOVO, Salvador, *Cocina mexicana o Historia gastronómica de la Ciudad de México*, Porrúa, México, 1979.

NOVO, Salvador, *Nueva grandeza mexicana*, UNAM, México, 1986.

Nuevo cocinero mejicano en forma de diccionario, París: Librería de Rosa y Bouret, México: Librería Mejicana, 1858.

PAZ, Ireneo (Ed.), *Diccionario del hogar*, t.II, Imprenta, litografía y encuadernación de I. Paz, México, 1904.

PAZ, Octavio, *Sor Juana Inés de la Cruz o Las trampas de la fe*, 2ª ed., FCE, México, 1983. (Lengua y Estudios literarios).

PÉREZ, Dionisio, *Guía del buen comer español; inventario y loa de la cocina clásica de España y sus regiones*, Sucesores de Rivadeneyra, Madrid, 1929.

Primera feria nacional del queso y derivados de la leche. Catálogo de expositores, México, 1986.

Recetario del pescador y otras recetas populares, pról. de Luis María Gatti, Museo de Culturas Populares/Cultura SEP, México, 1983.

Recuerdo gastronómico del Centenario 1810-1910, México, s.d.

Repostería mexicana, México 1922, edición facsimilar, Miguel Ángel Porrúa Editor, México, 1984.

REVEL, Jean-François, *Un festin en paroles. Historie litteraire de la sensibilite gastronomique de l'Antiquité a nos jours*, edición revisada y corregida, Surger editions, Francia, 1985.

REYES, Alfonso, *Memorias de cocina y bodegas*, FCE, México, 1953.

REYNIERE, Grimond B.A., *Manual de anfitriones y guía de golosos*, trad. de Lola Gavarrón, pról. de Xavier Domingo, Tusquets Editores, Barcelona, 1980. (Los 5 sentidos).

RULFO, Juan, *Pedro Páramo*, FCE/SEP, México, 1984. (Lecturas Mexicanas 50).

SAHAGÚN, Bernardino de, *Historia general de las cosas de la Nueva España*, 4 t. , notas de Ángel María Garibay, 2ª ed., Porrúa, México, 1969.

SALAZAR MONROY, *La típica cocina poblana*, 2ª ed., Impresos López, Puebla, 1945.

SANTAMARÍA, Francisco J., *Diccionario de mejicanismos*, 4ª ed., Porrúa, México, 1983.

SOLER, María del Carmen, *Banquetes de amor y muerte*, Tusquets Editores, Barcelona, 1981. (Los 5 sentidos).

SOUSTELLE, Jacques, *La vida cotidiana de los aztecas en vísperas de la Conquista*, trad. Carlos Villegas, 10ª reimpresión, FCE, México, 1983.

STOBBS, William, *Guide to Cheeses of France*, prol. De Phillipe Oliver, The Apple Press, Londres, 1984.

TABLADA, José Juan, *Hongos mexicanos comestibles*. Micología económica, pról. de Andrea Martínez, 4ª ed., FCE, México, 1983.

TAIBO I, Paco Ignacio, *Breviario de mole poblano*, Terra Nova, México, 1981. (Letra Risueña).

TIBÓN, GUTIERRE, *El ombligo como centro erótico*, FCE/SEP, México, 1984. (Lecturas Mexicanas 16).

VALLE-ARIZPE, *Artemio de*, *Sala de tapices*, 2ª ed., Diana, México, 1980.

VV. AA., "La cocina mexicana II". Primera parte y segunda parte, *Artes de México*, México, 1960.

VV. AA., *40 siglos de arte mexicano*, 8 t., 2ª ed., edición especial para Promociones Editoriales Mexicanas, Ed. Herrero, México, 1981.

VV. AA., *Historia General de México*, t. 2, 2ª ed., El Colegio de México, 1977.

VON WABERER O´GORMAN, Alejandro y Mala de la Mora de O'Gorman, *El arte en la cocina mexicana*, presentación de Juan O'Gorman, CONASUPO, México, 1981.

ÍNDICE

Cocina y cultura de María Stoopen
se terminó de imprimir en agosto de 2013
en la Ciudad de México.

www.ingramcontent.com/pod-product-compliance
Lightning Source LLC
LaVergne TN
LVHW041501190726
843491LV00008B/2482